Grete Wiesenthal

Grete Wiesenthal

Die Schönheit der Sprache
des Körpers im Tanz

Herausgegeben von
LEONHARD M. FIEDLER
und
MARTIN LANG

Residenz Verlag

© 1985 Residenz Verlag, Salzburg und Wien
Alle Rechte, insbesondere das des auszugsweisen Abdrucks
und das der photomechanischen Wiedergabe, vorbehalten
Papier von PWA Hallein-Papier AG: Euro Offset 150 g matt
Reproduktion: Repro Ludwig, Zell am See
Printed in Austria by Druckhaus Nonntal, Salzburg
ISBN 3-7017-0426-0

Erwin Lang, Porträt G. W.

DIE SCHÖNHEIT DER SPRACHE DES KÖRPERS IM TANZ

>»Wer glücklich ist wie wir, dem ziemt nur eins:
>schweigen und tanzen!«
>Hugo von Hofmannsthal, »Elektra«

»Nüchterne Urteile über die Tanzkunst sind veraltet!« So befand Peter Altenberg, als Grete Wiesenthal und ihre Schwestern im Januar 1908 mit ihren Tänzen an die Wiener Öffentlichkeit traten. Er hatte wohl recht, und es klingt wie eine Bestätigung seines Urteils, wenn beinahe sieben Jahrzehnte danach ein anderer Dichter, Carl Zuckmayer, noch kurz vor seinem Tod ein Buch zu schreiben unternahm, das »Die Tanzlegende der Grete Wiesenthal« heißen und den Untertitel »Eine Apologie der Schönheit« tragen sollte. »Die Schöne und das Tier« hat Franz Blei ein Pantomimenszenarium aus seiner Feder benannt: »Ein Tanzgedicht für Grete Wiesenthal«. Es sind das nicht Äußerungen einer zum Überschwang neigenden falschen Sentimentalität – solcher Züge ist der eine wie der andere kaum verdächtig –, vielmehr zeigt sich hier echte Betroffenheit, Betroffenheit von einer Kunst und einer Person, die zu schildern offenbar schwerfällt. Eine Betroffenheit, die selbst bei einem so nüchternen Beobachter wie Franz Kafka spürbar ist, in dem knappen Tagebucheintrag nach einem Tanzabend: »Wiesenthal. Die schönen Tanzstellen, wenn sich zum Beispiel in einem auf den Boden Zurücksinken die natürliche Körperschwere zeigt.« »Schön« und »natürlich« zugleich, in einem Künstler, einem Kunstwerk vereint, das erscheint – in den Augen Kafkas – beinahe als die gelungene Quadratur des Kreises. Vielleicht kann nur derjenige, dem die Verbindung von Natur und Schönheit glückt, indem er sich selber treu bleibt, solche Urteile, solche Wirkungen hervorrufen. Was Grete Wiesenthal vorschwebt, ist »die Schönheit der Sprache des Körpers im Tanz«; schon in jungen Jahren hat sie dieses Ziel selbst so formuliert. Und auch dieses, in einer Tagebuchnotiz: »Ich bin so tief bewegt, ich könnte nur beten oder tanzen – und vielleicht werde ich einmal tanzen können statt beten.« Auch das ist nicht sentimental, es ist die dem Außenstehenden nur schwer begreifbare Wirklichkeit des Individuums und des Künstlers; Kafka hat sie für sich auf die Formel gebracht: »Schreiben als Form des Gebets.«

Ein Buch über Grete Wiesenthal? Die Tänzerin halten? Ihr Bild fixieren? Sie mit Worten beschreiben? Nüchtern oder nicht – schon die ersten Betrachter waren skeptisch: »Ein Jammer ist's, daß man derartiges nicht festhalten kann – daß es mit der Stunde verweht, die es gebracht hat. Man denkt, hier müsse ein Rodin kommen, wie zu den Tänzerinnen von Kambodscha, um wenigstens einen Abglanz zu bannen, ein Aufleuchten, ein Spiel verfließender Linien. Und dann sagt man sich wieder: Nein. Es ist besser so. Das Schönste, die frische Jugend und das Frühlingshafte, das sie heute haben – das bliebe doch nicht. Und vielleicht liegt gerade darin, daß all diese Schönheit mit der Stunde verweht, ein Reiz, der mehr bedeutet als alle Versuche, das Fliehende zu halten.« Aber – auch diese Sätze eines Kritikers sind ja Bestandteil eines Versuchs, »das Fliehende zu halten«. Unzählige solche Versuche hat es gegeben, in Fülle könnte – kann – man die Ergebnisse dieser Versuche, seien es Worte, seien es Bilder, versammeln. Immer wieder wurde die Skepsis überwunden, und vielleicht mehr noch als andere große Tänzer – die Duncan, Ruth St. Denis, Nijinski, die Pawlowa – hat Grete Wiesenthal die Künstler ihrer Zeit inspiriert. Die Maler und Entwerfer der Wiener Werkstätte und der Secession, Kokoschka, die Dichter des »jungen Wien«, aber auch Kritiker wie Alfred Kerr und Alfred Polgar, die Komponisten Gustav Mahler, Franz Schreker und Richard Strauss fühlten sich ihr nahe, waren bezaubert. Viele von ihnen haben es unternommen, dieser Bezauberung mit den Mitteln ihrer jeweiligen Kunst Ausdruck zu verleihen. Ein Rodin hat sich Grete Wiesenthals zwar nicht angenommen, aber – sichtbar bezaubert und uns noch heute bezaubernd – einer der aus dem Kreis der Wiener Secession kommenden Maler. Er wurde Grete Wiesenthals erster Mann. Peter Altenberg wiederum hat – wenig nüchtern – einige der damals entstandenen Blätter kommentiert: »Dem jungen Maler Erwin Lang ist es gelungen, in neun Holzschnitten seiner genialen Frau, der süßen Tänzerin Grete Wiesenthal, gerecht zu werden! Wir erschauen den . . . beweglichen Leib in seiner heiligen Nacktheit, wir erschauen auf dem ernsten Antlitz die Seele, ohne die es kein bedeutendes Tanzen gibt. Ich schaue der modernen Tanzkünstlerin nur ins Antlitz, und sein Ausdruck bestimmt genau ihr Können! Man tanzt so, wie man ist! In den Holzschnitten des Erwin Lang erkennt man einen wertvollen und vollkommenen Organismus, unbeschwert und seelisch anmutig. Eine Höherentwicklung, von Erdenschwere aus, zum Engelflug! Aus diesen Holzschnitten jauchzt dir gleichsam der Ausspruch entgegen eines Gatten: ›Ich hab' sie nicht nur gern, weil ich sie halt gern hab'!‹, sondern: ›Ich hab' sie gern, weil sie vollkommen ist!‹« Worte über Bilder, über Bilder, die ein Individuum und seine Gebärde festzuhalten suchen – Altenbergs Sätze sind eine in die Beschreibung einer Liebeserklärung verkleidete Liebeserklärung. Es scheint wirklich, als sei dem jungen Maler hier Außerordentliches gelungen, merkwürdigerweise in der spröden und scheinbar so starren Technik des Holzschnitts. Die Blätter gehören jedenfalls zu den besten Leistungen Erwin Langs, und dem heutigen Betrachter – auch dem, der Grete Wiesenthal selbst nie begegnet ist – mögen sie tatsächlich als ein Abglanz ihrer Person und ihrer Kunst erscheinen, vielleicht mehr noch als die besten Photographien, mehr noch als Worte vermögen. Wie ein verliebtes Gestammel muten Peter Altenbergs – so gutgemeinte, so ehrliche – Worte im Vergleich dazu an.

Unter den Wortkünstlern ist Grete Wiesenthal derjenige am nächsten gekommen, dem es wie keinem zweiten gelungen ist, die Begrenztheit der Sprache zu empfinden und zugleich diesem Dilemma Ausdruck zu verleihen. Hugo von Hofmannsthal mußte empfänglich sein für ihre Kunst. Sein »Brief des Lord Chandos« bringt – in einer Konkretheit, die wohl nur der allerpersönlichsten Erfahrung entspringen konnte – das Bedürfnis seiner Epoche nach Bildern, nach Bewegung auf den Punkt. Auch ihm ist Ungewöhnliches geglückt: eben dieses Bedürfnis wiederum in Worte zu fassen und trotzdem auch weiterzugehen, Konsequenzen zu ziehen, indem er, ohne aufs Wort zu verzichten, anderen Ausdrucksformen in seiner Kunst mehr und mehr Raum gab: der Musik und der Gebärde, dem Bild und dem Tanz. Hofmannsthal hat diese Stufe seiner Entwicklung – die Hinwendung zum Theater im weitesten Sinne – als seinen »Weg zum Sozialen« beschrieben. Man darf das ganz wörtlich nehmen. Dieser Schritt bedeutete ein selbstkritisches Zurücknehmen des nun als egozentrisch eingeschätzten Glaubens an die Allmacht des eigenen Wortes, eine Öffnung hin zu anderen Sinnen, und das

»Allegretto«, Holzschnitt von Erwin Lang, 1910

heißt: zu anderen Menschen, gelegentlich auch ein Zurücktreten in die Anonymität, in die Stummheit, zugunsten eines andern, einer anderen Kunst. Durch ein Zusammenwirken verschiedener Ausdrucks- und Wahrnehmungsarten sollte – im doppelten Sinne »sozial« – auch ein vielschichtiges Publikum erreicht werden.

Schon vor der Jahrhundertwende hatten Bild und Bewegung Hofmannsthal fasziniert; seine Beschreibungen etwa der Gebärdensprache der Eleonora Duse oder der Kunst des Schauspielers Friedrich Mitterwurzer lassen den später formulierten Zweifel an der Kraft des geschriebenen Wortes bereits ahnen. In zunehmendem Maß entzündet sich seine Phantasie an der Kunst bestimmter Schauspieler, an Bildern, an der Inszenierungskunst eines Max Reinhardt, am Tanz. Etwa um dieselbe Zeit wie der »Chandosbrief« entstehen Pantomimenentwürfe. Wie in nuce läßt sich in Hofmannsthals Laufbahn die Hinwendung seiner Zeit von der Literatur zum Bild und zum wirklich kollektiven und daher auch sozialen Kunstwerk der Inszenierung und dann auch des Films nachvollziehen; eine Entwicklung, die der marxistische Filmtheoretiker Béla Balázs um die Mitte der zwanziger Jahre in seinem Buch »Der sichtbare Mensch« als die längst fällige Rückkehr zu der seit der Erfindung der Buchdruckkunst verarmten Kultur des Auges – und das heißt für ihn auch: der Seele – dargestellt hat.

»Sie trägt wieder Kostüme der Wiener Werkstätte, die allein schon das Entzücken des Hauses bilden und geradezu mitdichten an diesen Tanzschöpfungen. Es ist für die Zuschauer eine Erziehung zum Schönen, die viele Bände Ästhetik ersetzt . . .«, heißt es 1917 in einer Kritik. Und immer wieder findet man das Bedürfnis der Teilnehmenden, das Schöne zu bannen, dem Augenblick Dauer zu verleihen. Der Gedanke an die eben sich entwickelnden technischen Möglichkeiten des Films lag nahe. Schon 1909 notiert ein Kritiker: »Linie, Farbe, Rhythmus, Bewegung, alles gibt eine Einheitlichkeit von höchster künstlerischer Vollendung. Wunderbar wäre eine kinematographische Aufnahme dieser Tänze; es gäbe eine unerschöpfliche Fundgrube für Maler . . .« Tatsächlich hat es solche Versuche gegeben, und zu einem günstigen Zeitpunkt. Unmittelbar vor dem Ersten Weltkrieg, als der Film – besonders in Deutschland – begann, sich nicht nur als technisches Medium der Reproduktion, sondern auch als eine eigene Kunstform zu begreifen, sind mehrere Filme mit und um Grete Wiesenthal entstanden. Ihre Kunst hatte damals ihren Höhepunkt erreicht. *Etwas* reicher wären wir, wenn es diese Filme noch gäbe, aber außer einigen Beschreibungen, ein paar Bildern, hat sich nichts davon erhalten.

So finden wir uns – als Betrachter – zur Belebung des Bildes doch immer wieder aufs Wort zurückverwiesen, so wie Hofmannsthal, bei aller Skepsis gegenüber der Sprache und bei aller Begeisterung fürs bildlich Differenzierte, als Künstler aufs Wort angewiesen blieb. In einem Grete Wiesenthal zugedachten Aufsatz über die Pantomime sagt Hofmannsthal: »Worte rufen eine *schärfere* Sympathie auf, aber sie ist gleichsam übertragen, vergeistigt, verallgemeinert; Musik eine *heftigere*, aber sie ist dumpf, sehnsüchtig, ausschweifend; die von der Gebärde aufgerufene ist klar, zusammenfassend, gegenwärtig, beglückend. Die Sprache der Worte ist scheinbar individuell, in Wahrheit generisch, die des Körpers scheinbar allgemein, in Wahrheit höchst persönlich. Auch redet in Wahrheit nicht der Körper zum Körper, sondern das Ganze zum Ganzen.« Im Glücksfall also findet ein Austausch, ein Miteinander der verschiedenen Sprachen statt: die Sprache der Gebärde sucht nach der des Wortes, die des Wortes nach der der Gebärde. »Amor und Psyche« und »Das fremde Mädchen«, Hofmannsthals im Blick auf die Gestalt Grete Wiesenthals und im Gespräch mit ihr entworfene Pantomimenszenarien, sind Märchendichtungen, kleine Kunstwerke des Worts. Diese – also das eher Allgemeine, hinter dem man allerdings das höchst Persönliche ahnt – sind uns erhalten geblieben. Auch die zwischen Hofmannsthal und Grete Wiesenthal gewechselten Briefe legen Zeugnis davon ab, bis in welche Tiefen zwei Künstler, zwei Ausdrucksformen hier einander erkannt haben.

Dennoch scheint für Grete Wiesenthal der Weg zu sich selbst *und* zum Publikum meist ein direkter, nicht durch einen Dichter zu vermittelnder gewesen zu sein. »Die Tänzerin hat gegen ihren Dichter gesiegt«, notiert Herbert Jhering nach der Aufführung der beiden Hofmanns-thalschen Pantomimen. Er meinte damit – und viele stimmten mit ihm überein –, daß die nachahmende, das Wort ersetzende Gebärde eine Beschränkung des Individuellen mit sich brachte. Vielleicht haben der Dichter und die Tänzerin das letzten Endes auch selbst so emp-funden. Schon in Hofmannsthals »Elektra« wird das weder in Gebärden noch in Worten mehr Sagbare in einen Tanz hineingelegt, und die Höhepunkte der Pantomimen sind Tänze, die nicht mehr malen oder illustrieren. Grete Wiesenthal hat zwar zeitlebens nach Sprache, auch nach der des Wortes, gesucht; sie hat eigene Szenarien zu Pantomimen verfaßt, sie hat man-chen ihrer Tänze erklärende Worte beigegeben und sie als »Tanzdichtungen« bezeichnet. Sogar zwei Bücher hat sie geschrieben. Auch ihre Entwicklung vollzieht sich beständig auf der Grenzlinie zwischen Gebärde und Wort, Bewegung, Bild und Musik. Aber ihr eigenstes, über-zeugendstes Ausdrucksmittel war offensichtlich der von jedem Wort, jeder Nachahmung ent-fernte Tanz. »Der Tänzer aber tanzt keine Worte«, schreibt sie einmal, »sondern gelangt durch den Tanz in die Regionen der seelischen Regungen, wie Freude, Verzweiflung, Sehnsucht, und diese bringt er in den Bewegungen des Körpers zur Darstellung. Hat er seinen Körper auf-merksam diszipliniert, so daß er, allmählich die Dumpfheit und Gebundenheit überwindend, zur Freiheit der Bewegung gelangt ist, das heißt, kann er nun seinen Körper bis in den letzten Winkel lebendig erfühlen, dann wird keine Leere in der Bewegung sein, die Gebärde wird nicht nur schematisch mit Leben erfüllt, sondern ausdrucksvoll sein und mit Recht groß, wahr und schön genannt werden können. Allerdings *Schönheit* ist ein Letztes, ein direkter Gruß vom Himmel, der uns gegönnt ist, wenn wir eben nicht immer uns selbst zum Ausdruck bringen, sondern uns ehrfürchtig binden an ein Höheres, an das was über uns ist.«

Wenn man Grete Wiesenthal in Wien gern als die »Walzerkönigin« gesehen hat, so erscheint das – im Vergleich mit ihrer eigenen Sicht – als eine Mischung aus Trivialität und Sentimentalität. Aber vielleicht liegt gerade hierin auch etwas Wahres. Die Wiener erkannten sich selbst in Grete Wiesenthal wieder, ihre eng mit der Musik des Walzers verwachsenen Gefühle wurden ihnen plötzlich in der Person dieser Tänzerin sichtbar gemacht. Und die Zuschauer und Zuhörer in aller Welt spürten wohl, daß hier eine Musik, die ihnen fremd war und zugleich bekannt, eine neue Dimension erlangt hatte. Es scheint, als sei die Tänzerin mehr noch von der Musik inspiriert worden, als vom Wort und vom Bild. Die Walzer waren immer ihre größten Erfolge. Musik bedeutete Bewegung. Das entsprach ihr, entzündete ihre Phantasie.

War diese Phantasie vielleicht gerade deshalb so zündend – überall –, weil sie der Musik, dem Ortsgeist Wiens, und das heißt: sich selbst, treu blieb? (Auch in St. Petersburg, auch am Broadway.) Bewegend ist die Vorstellung, daß Grete Wiesenthal einmal als Ferdinand Raimunds »Gefesselte Phantasie« aufgetreten ist, und bewegt waren die Reaktionen. »Duftig, schwerlos, erdfern wie die Vorstellung ›Phantasie‹ war, als solche, Grete Wiesenthal. Ihre Körperlichkeit hat wirklich etwas Abstraktes; zart, schwebend, windgetragen fließt die Bewegung hin . . . Feinerer Zauber und lieblichere Poesie ist um diese Frau, als in Worte zu binden, aus Worten zu erlösen wäre«, schreibt Alfred Polgar. Und Egon Friedell: »Man hat dabei ganz unmittelbar die Erkenntnis, daß die Schauspielkunst keine Kunst ersten Ranges ist, sondern irgendein Nebenher der Kunst, ein vulgäres Gepatze mit schreienden Indianerfarben, ein roher Megaphonlärm für die unteren Hunderttausend. Die Wiesenthal ist zum Theaterspielen zu kultiviert. Ihre Ratlosigkeit enthüllt es. Aber wozu braucht sie solche subalternen Künste, wie Sprechtechnik und dergleichen, wenn ihr Antlitz, ihre Hände, jede Biegung ihres Körpers eine hundertmal beredtere Sprache sprechen, als alle Verse Raimunds und selbst Goethes und Shakespeares? Ich schlage daher für die nächsten Vorstellungen vor: ›Die gefesselte Phantasie‹ ohne Text von Ferdinand Raimund, in sämtlichen Rollen getanzt von Grete Wiesenthal.«

Es ist kein Wunder, daß auch Max Reinhardt, den nicht nur Grete Wiesenthal den »großen Zauberer« genannt hat, derjenige, dem es wie keinem andern – bis heute – gelungen ist, die Künste, die Elemente, die Menschen auf der Bühne miteinander zu verbinden, von Grete Wiesenthal bezaubert war. Einige seiner glänzendsten Inszenierungen verdanken ihrer Mitwirkung viel. Aber es mag sein, daß er ähnlich empfand wie sein Freund Egon Friedell, daß er sie gerade deshalb nicht noch öfter mitspielen ließ: er hätte die Phantasie gänzlich entfesseln, das Theater aufgeben müssen. »Grete Wiesenthal gehört zu meinen beglückendsten Erinnerungen«, notiert er einmal in einem Brief. Grete Wiesenthal war ihrerseits, wie so viele, besonders von Reinhardts »Sommernachtstraum« begeistert. In einem Aufsatz, den sie seinem Gedächtnis widmete, sinnt sie der Frage nach, warum er gerade zu diesem Stück so oft zurückkehrte, es wieder und wieder neu inszeniert hat. Ist Reinhardts Bezauberung, ist Grete Wiesenthals Nachsinnen vielleicht die gemeinsame Sehnsucht nach der Verwirklichung einer Welt, die es nur im Traum gibt, durch die Kunst? Eine Sehnsucht, die, wie sonst nirgends, in der gemeinsamen Heimat Wien genährt worden war, wie diejenige Hugo von Hofmannsthals, der die Bühne als Traumbild sehen wollte, wie die Sigmund Freuds, der auf seine Weise die Träume als Wirklichkeit erkannte? Im Wien der Jahrhundertwende, jenem einzigartigen Spielraum der Phantasie?

Als Nachgeborener, der diese Zeit, der die Tänzerin nicht erlebt hat, soll man nüchtern bleiben. Daß das so schwerfällt, zeigt vielleicht, daß doch noch etwas von dem Zauber, den die Zeitgenossen empfunden haben, lebendig ist. Trotzdem: wahrscheinlich sollte, wer sie nicht erlebt hat, nicht über Grete Wiesenthal schreiben, nicht zuviel jedenfalls. Lieber die unmittelbaren – nüchternen oder weniger nüchternen – Zeugnisse sammeln. Das sei hier versucht: eine Blütenlese, ein Blumenstrauß für die Tänzerin. Papierblumen zwar – aber immerhin Blumen.

»Pantanz«, Holzschnitt von Erwin Lang, 1910

»Walzer«, Holzschnitt von Erwin Lang, 1910

14

LEONHARD M. FIEDLER: AUS DEM LEBEN EINER TÄNZERIN

Ein Blumenstrauß bedarf eines Bandes, das ihn zusammenhält, eines roten Fadens vielleicht. Die Tänzerin hat uns geholfen, es zu knüpfen, ihn zu finden. Nicht wenige der hier versammelten Blumen – und viele mehr noch – stammen ja von ihr selbst. Immer wieder hat Grete Wiesenthal zur Feder gegriffen (oder zur Schreibmaschine) und sich der gesprochenen Sprache bedient, wenn sie gebeten wurde, über die Hintergründe ihrer Kunst Auskunft zu geben, den Zauber, der den andern so oft die Sprache verschlug, auch in Worten begreifbar zu machen. Sie hat dann zwar zum Beispiel geantwortet: »Über all diese Fragen ist es schwer zu sprechen: es ist zu viel Unbewußtes dabei. Und vor allem – wenn ich all das mit Worten ausdrücken könnte, so wäre unser Tanzen überflüssig.« Aber die Bereitschaft und die Lust, jene Schönheit auch in Worte zu fassen, ist spürbar.

Bestimmt war es nicht Eitelkeit, sondern der Wunsch, sich selbst und denen, die es wissen wollten, Rechenschaft abzulegen über das Phänomen ihrer Kunst, wenn sie schon in jugendlichem Alter ein autobiographisches Buch schrieb, das sie »Der Aufstieg. Aus dem Leben einer Tänzerin« nannte. (Es erschien 1919 bei Rowohlt.) Es ging ihr darum, zu erklären, nicht um Selbstdarstellung im Wort. Aber zu zeigen, wie es ihr zur Notwendigkeit wurde, »die Schönheit der Sprache des Körpers im Tanz« zu suchen, wie es ihr möglich wurde, sie zu finden, das hat sie mehrfach unternommen. Es ist immer – auch noch in den verschleierten autobiographischen Anklängen ihres späten »Romans einer Tänzerin«, »Iffi« – ihre Lebensgeschichte, die Geschichte einer Befreiung, nie aber die Fixierung einer Theorie, eines Systems. Was sie mitteilt, sind Erfahrungen. Zunächst sind es die Erfahrungen eines phantasiebegabten Kindes, des ältesten von sieben Kindern des Malers Franz Wiesenthal und seiner gleich ihm aus der ungarischen Provinz nach Wien übersiedelten Frau Rosa Ratkovsky.

»Langsam teilt sich der Vorhang, der mich von der Zeit meiner Kindheit trennt, und ich sehe in ein Zimmer, das nicht gerade gewöhnlich aussieht. In der Mitte desselben steht ein Bild, das bis hinauf zur Decke reicht. Man kann aber nicht gleich erkennen, was es darstellt, denn es steht auf dem Kopf. Und weiter sehe ich im Schatten der Leinwand an der Wand so manche besonderen Dinge. Da leuchtet der Gipsabguß einer Frauenbrust, daneben eine Hand und, über dies Ganze herabschauend, ein Engelsköpfchen, dazu malerisch arrangiert Pfauenfedern, getrocknete Palmzweige und alles, was eben zu einem Makartbukett gehört.

Über der Türe hängt eine große Messingtrompete, auch ein Ritterharnisch, Hellebarde und sonstiger Schmuck eines Malerateliers fehlen nicht. Denn es ist natürlich das Zimmer eines Malers, und es riecht auch gut nach Terpentin und Ölfarben. Aber der Maler selbst ist nicht da, nur seine Palette liegt neben der Staffelei mit den noch nassen Pinseln, und in der Ecke steht eine Gliederpuppe mit Federbarett und schaut mit blinden Augen auf all dies ringsumher. Es ist ganz still, niemand ist da. Doch nein, dort auf einem Podium vor dem Fenster steht ja ein kleines Mädchen, fast könnte man glauben, es sei auch nur eine der Puppen in diesem phantastischen Raume, so still und ohne Bewegung steht es da. Aber es ist keine Puppe, ich selbst bin es und nur ganz versunken im Schauen über die Dächer in der Ferne, wo man die blauen Berge sieht, die Wien umschließen. In diesem Momente wußte ich nicht mehr, daß nebenan die

Die Mutter Rosa Wiesenthal geb. Ratkovsky   Der Vater Franz Wiesenthal in seinem Atelier

kleine Schwester wartet, die Mutter in vertrauter Weise für die Bedürfnisse des Tages sorgt, ich vergaß dies alles, als zarte Laute durch die Farben der Luft zu mir drangen, als der Rauch der Kamine in den Lüften zu singen begann, die blauen Berge von den Sternen der Nacht erzählten. Süß und schmerzlich fremd fühlte ich mich weit weggeführt.«

Die Schriftstellerin Karin Michaelis, die Freundin Bert Brechts, die auch eine Freundin der Wiesenthals war, erinnert sich an die Atmosphäre dieses Hauses: »Draußen in einer von Wiens Vorstädten, in einer alten Villa, versteckt zwischen den blühenden Büschen des Gartens, umgeben von Rosen und würzigen Düften, lebt und vegetiert Papa Wiesenthal und seine göttlich anmutige Frau. Eine Frau mit einer Haut wie Atlas und Zartheit in jeder Bewegung, in jedem Wort, in jedem Gedanken. Wie es in unserer Zeit möglich ist, daß eine Familie zwischen Menschen leben kann und doch sich eines Kindes Reinheit, Unschuld und Glauben an das Leben bewahren kann, ist mir ein Rätsel . . . Niemals habe ich ein Heim gesehen, in dem sich Geschwister so um ihre Eltern scharten wie in diesem, überzeugt, daß es keine schönere Stelle gab als diese hier. Diese verwöhnten, bezaubernden Geschöpfe überboten einander in neuen jubelnden Ausdrücken darüber, wie herrlich Mutters Kaffee und Kuchen schmeckten und wie gut es war, am großen Tisch mit Vater und Mutter zu sitzen.«

16

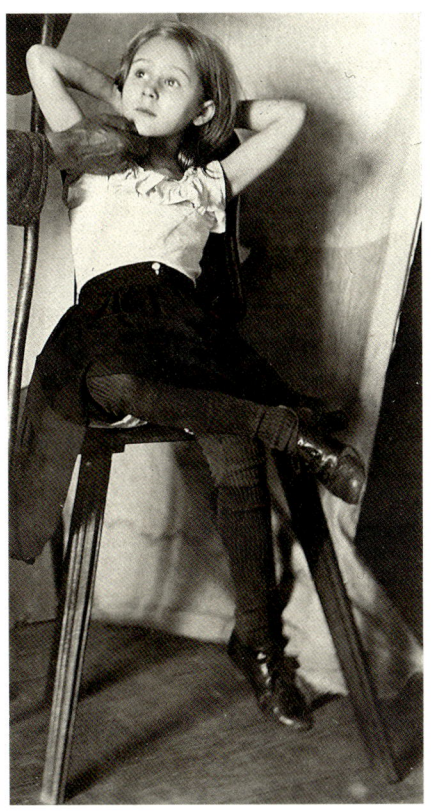

G. W. als Modell im Atelier ihres Vaters, 1890

Von ihrer Mutter spricht Grete Wiesenthal in ihren Erinnerungen wenig, umso mehr erfahren wir über die Gestalt des Vaters, »dessen Künstlertum sich in allem ausdrückte, was ihn umgab. Auch die Liebe zur Musik wurde durch ihn, der fast alle Instrumente spielte, ohne je gelernt zu haben, in der Familie gepflegt.« Von seiner »schöpferischen Zärtlichkeit« spricht die Tochter einmal. Es scheint, daß die Eltern den Kindern viel Freiheit gewährten, daß sie sie im Rahmen ihrer bescheidenen materiellen Verhältnisse an dem vielen, was Wien dem Auge und dem Ohr zu bieten hatte, teilhaben ließen, so daß sie empfänglich wurden, auch für Details, und für die Zusammenhänge der Dinge mit den Menschen. Man spürt in Grete Wiesenthals Schilderungen scheinbar nebensächlicher Ereignisse, wie sich mit den Sinnen allmählich das Herz öffnet.

Mit dem Tanzen kommt das Kind früh schon und auf ganz unterschiedliche Art in Berührung. Einmal so: »Am Sonntag kamen die Bauern der Umgebung zum Wein. Für die Jugend war im Freien ein Tanzboden errichtet, und hier habe ich zum ersten Male tanzen gesehen. Es war das Schönste, was ich bisher sah. Schwer konnte man mich vom Tanzboden wegrufen, und ich verließ ihn wie im Traum, immer noch sehend, wie die Füße der Männer und Frauen so schön gleichmäßig in der Drehung sich trafen und ineinander schmiegten, um sich wieder

17

zu trennen und wieder zu finden. Über diesem Spiel der Füße schwangen sich die Röcke der Frauen in großen Wellen. Wie sie sich faßten und sonst taten, war mir sehr gleichgültig, aber zauberhaft wunderbar war für mich die Bewegung der Füße, und ich meinte, daß sie miteinander sprächen. Die Musik dazu hörte ich kaum, denn das Schleifen der Füße war das, was mich vollends in eine Art Rausch versetzte.

Kinder können von dem, was sie so bewegt, daß sie es selbst noch nicht verstehen können, auch nicht erzählen, und so erstaunten meine Eltern sehr, als ich im kommenden Winter mit einer Tante, die mich im Scherz dazu aufforderte, vollkommen richtig Walzer tanzte.«

Dann, es muß um das Jahr 1893 gewesen sein, der Besuch eines Balletts im k. u. k. Hofopernheater. Es hieß »Rund um Wien«. »Als aber das Ballett begann, war ich sofort ganz gewonnen und außer mir vor Entzücken. Ich wurde von dem brennenden Wunsche erfaßt, aus der Loge hinunterzuspringen und gleich mitzutanzen. Daß ich aber damals noch gar nicht tanzen konnte, dieser Gedanke kam mir gar nicht zum Bewußtsein.

Reihenweise schwebten die Tänzerinnen, in Farben und Licht leuchtend, vor zur Rampe, mit erhobenen Armen, wie mir zuwinkend, und ich, ich meinte, in ihre Arme niedersinken zu müssen und mit ihnen unterzutauchen in ihre Tanzseligkeit.

Man machte mich aufmerksam auf eine damals sehr beliebte Tänzerin, und ich konnte sie verfolgen und immer wieder erkennen, denn sie löste sich aus den Reihen und tanzte allein. Erfüllt von einem besonderen Übermut, warf sie ihre Beine nach rechts und nach links, und es wurde mir immer schwerer, still zu bleiben. Erst die mimischen Szenen brachten mich etwas zur Ruhe.

Beim Nachhausefahren im rumpelnden Omnibus hörte ich immerfort die Musik des Balletts, die Bilder der Tanzenden zogen an mir vorbei, und ich selbst sah mich tanzend unter ihnen. Am nächsten Tag verkündete ich meinen Eltern, daß ich Ballettänzerin werden wolle.«

Man kann sich vorstellen, welch reiche Nahrung solche Erlebnisse der kindlichen Phantasie boten. Einer Phantasie, die es drängte, sich auszudrücken: in Tänzen und Theateraufführungen mit den Geschwistern im Garten des Hietzinger Domizils. Es traf sich gut, daß im Nachbarhaus eine »Solomimikerin« des Hofopernballetts residierte, Minna Rathner, die die Berufspläne bei den zunächst zurückhaltenden Eltern unterstützte. Grete Wiesenthal schildert plastisch die Situation der Tänzerinnen zu jener Zeit. Sie entsprach dem Klischee: beinahe alle waren sie Kinder aus einfachen Verhältnissen, die, wenn sie in die Ballettschule eintraten, nichts mitzubringen hatten als gerade Glieder, ein hübsches Gesicht und die Bereitschaft, sich eines Tages von einem reichen Freier »aushalten« zu lassen. Die Eltern Wiesenthal ließen sich dennoch überzeugen, und im Alter von zehn Jahren tat »Gretl« den ersten Schritt. Ein Jahr später folgte ihr die um einendhalb Jahre jüngere Schwester Elsa, die seit langem die Hauptpartnerin ihrer Spiele gewesen war, in die Schule des Hofopernballetts. Offenbar war es eine harte und trockene Schule, Technik und Drill hinderten Entwicklungen, statt sie zu fördern. »Die Zeit, in der ich als Schülerin in die Ballettschule kam, war eine Zeit des Niederganges des Balletts, überhaupt der ganzen Tanzkunst. Das Publikum hatte auch keinen Grund, sich für das Ballett zu interessieren, denn es gab damals keinen führenden Geist, keine Ballettregisseure, die das Ballett, den Tanz zu neuem Leben erwecken konnten. Keine vom Willen zum

G. W. als Elevin des Hofopernballetts, 1895/96

Ausdruck inspirierten Tänzerinnen, die durch ihre Künstlerschaft überzeugend auf das Publikum gewirkt hätten. Aber es gab gute Tanzartisten, die ihre kühnste Ausdrucksmöglichkeit darin sahen, sich zweiunddreißigmal auf der Fußspitze um die eigene Achse zu drehen. Die Ballettkunst war erstarrt zu schablonenhaftem Kitsch.«

Der Unterricht entsprach dem: »Immer wieder dieselben Übungen an der Stange und dann frei ohne Stange. Nie waren sie wenn auch nur vom bescheidensten tänzerischen Geist beseelt. Sie waren nur mühsam und eintönig, nie wurde man vom Lob der Lehrerin angespornt oder wenigstens dafür interessiert und überzeugt, daß diese Trockenheit des Studiums einzig zum Ziele führe.« Dieses Ziel hieß: Aufnahme in das Ensemble des Hofopernballetts, Aufstieg zur »Koryphäe«, zur »Chorführerin«, zur Solistin, zur »Mimikerin« und zur Prima Ballerina. Über ein Jahrzehnt hat Grete Wiesenthal auf dieses Ziel hingearbeitet, beinahe übereifrig alle Pflichten und viele Konventionen erfüllend – nur nicht die ganz äußerlichen, sei es die Sitte, den avancierten Tänzerinnen die Hand zu küssen, sei es eben die beinahe zur Etikette gehörende Liebschaft mit einem »Beschützer«. Der Lehrer und Ballettmeister der Wiener Oper, Josef Haßreiter, war sichtlich irritiert. Er spürte wohl, daß hier eine »aus der Reihe tanzte«, er

19

bemerkte ein ungewöhnliches Talent, aber gerade solche Eigenständigkeit paßte nicht in sein Konzept. »Schwer wurde es mir, in der Reihe zu tanzen, zu leicht sprang ich etwas vor oder blieb zurück aus Angst, daß der Ballettmeister am nächsten Tag in der Probe sagen könnte: ›Und die Wiesenthal hat wieder aus der Reihe getanzt, ja, wollen Sie denn immer der Star sein?‹ Ach, ich war so ehrlich bemüht, richtig in der Reihe zu bleiben, und hatte vorläufig an der Bemühung, einmal ein ›Star‹ zu werden, ganz genug. Aber ich war scheinbar nicht für die Reihe geschaffen.«

Abwechslung und Anerkennung gab es immerhin zu Hause und auch sonst außerhalb der Oper. So ist einem vergilbten – wohl aus einer um die Jahrhundertwende erschienenen Zeitung stammenden – Ausschnitt unter der Überschrift »Ein Costümball im Sommer« zu entnehmen: »Am 2. d. arrangierten einige Hietzinger Familien im größten Sportetablissement Wiens, dem ›Pole-Nord‹ im Hietzinger Villenviertel, zum Schlusse der Ferien einen Kinder-Costümball.« Und es wird bemerkt: »Fröhliche Überraschung erregten die kleinen Schwestern Grete und Elsa Wiesenthal als Solotänzerinnen.«

Aber auch an der Oper gab es hie und da allmählich doch Möglichkeiten zur Erprobung der eigenen Inspiration. »Zu dieser Zeit« – es muß kurz nach der offiziellen Aufnahme der fünfzehnjährigen Grete Wiesenthal als Tänzerin ins Ballett gewesen sein – »wurde mir im Ballett ›Wienerwalzer‹ die kleine Partie der ›Jugend‹ zugeteilt. Es war wirklich eine kleine Partie, deren Spieldauer nicht mehr als zwei Minuten währte. Als Jüngling kostümiert, in weißem Frack und Eskarpins, auf dem Kopfe einen koketten, kleinen weißen Zylinder, trat die ›Jugend‹ auf, stieß mit ihrem Becher an den der Braut und empfahl sich wieder.

Aber ich war ganz überglücklich über diese Partie und wollte in ihr zum Ausdruck bringen, was ich über Jugend dachte und fühlte. Ich wollte nicht zierlich hereinlaufen, wie meine Vorgängerin, ich meinte, der Auftritt der Jugend müßte wie ein Sturm sein. Am Nachmittag übte ich im Garten immer wieder diesen brausenden Eintritt, bis es Zeit war, in die Oper zu fahren.

Am Abend wartete ich in der Kulisse, kaum konnte ich mich halten vor Begierde loszubrechen, und als die Eintrittsmusik erklang, stürmte ich mitten durch die Bühne ganz nach vorn, bis zum Souffleurkasten. Und hier stand ich mit einem Ruck still, den Champagnerkelch hoch erhoben in der Hand. Vor mir waren die vielen Zuschauer im dunklen Raum, und ich fühlte mich als ein Funke, der sie alle zur höchsten Freude entzünden müßte. In der Begrüßung an die Braut bemühte ich mich alle Verheißung des Lebens auszudrücken. Am liebsten hätte ich nun den geleerten Kelch fortgeworfen, dies war aber in der Rolle nicht vorgeschrieben, und so tanzte ich mit dem Kelch grüßend ab.

In diesen wenigen Minuten war meine Empfindung bis in die höchste Blüte emporgeschossen, meine Bewegungen waren eins geworden mit Licht und Ton.«

Solche Erfahrungen waren es, die nach und nach zur Vorbereitung eines Ausbruchs führen mußten. »Allmählich vollzog sich in mir eine Wandlung als Tänzerin. Noch aber war ich unsicher und tastend und sah nicht klar, wo ich hinwollte. Aber ich wußte, daß bei den Tänzen in den Balletts meine Sehnsucht nach Ausdruck unbefriedigt blieb und ich alles unlebendig empfinden mußte.

Immer weniger sah ich den Weg, den ich suchte, im Ballett, in meinem Berufe als Ballettän-

Elsa und Grete Wiesenthal, um 1899

zerin. Hingegen konnte ich plötzlich in den überschwenglichen Linien der Blumen eines schönen Herbariums Tänze, wie ich sie ersehnte, sehen. Oder in den Opern, in den Bewegungen der geistvollen Sängerinnen Mildenburg und Gutheil-Schoder mehr vom Tanz ahnen als bei unseren ersten Tänzerinnen.«

»Gewisse Pas und Bewegungen, die ich, wenn auch nie schön empfunden, aber doch immer ganz harmlos mitgemacht hatte, erschienen mir plötzlich besonders unnatürlich und widrig, und ich schämte mich bei der Ausführung derselben. In mir entstand eine übertriebene Scheu und Empfindlichkeit für die meisten der Ballettbewegungen, und erst durch diese Unfreiheit sollte ich zur bewußten Freiheit gelangen.«

Neben der Erfüllung ihrer Aufgaben am Hofopernballett begannen Grete und Elsa Wiesenthal, eigene Tänze einzustudieren. »Als meine Schwester und ich begannen, den ersten Tanz zu arbeiten, es war ein Chopinwalzer, da war in mir eine große Zaghaftigkeit, und ich meinte, nicht anfangen zu können. Jeder Schritt schien mir auf feurigem Boden. Meine Schwester faßte mich, die ich noch zögerte, bei der Hand, und wir begannen uns wie Blumen aneinander zu ranken.

Im Zimmer waren die jüngeren Geschwister, eine derselben begleitete uns am Klavier, und meine Mutter saß mit einer Arbeit am Tisch und folgte mit sorgendem Blick unseren Versuchen. Was kümmerte sie die Kunst? Sie sah nur voll Liebe unsere Jugend und Sehnsucht. Ich

21

Familienbild im Garten der Hietzinger Villa (1904): Trude, Hilde, Grete, Elsa und Franz (stehend); Marta, Berta und die Mutter Rosa Wiesenthal

aber hatte meine Scheu überwunden, und meiner Umgebung ganz entrückt, suchte ich nach dem letzten Ausdruck meiner selbst und der Musik. So entstand unser erster Tanz. Nun war in mir alles gelöst, ich wußte den Weg, den ich zu gehen hatte, und bald arbeitete ich an den nächsten Tänzen, es waren der Donauwalzer von Johann Strauß und ein Allegretto von Beethoven.

Damals wurde in der Operette ›Fledermaus‹, die ständig im Spielplan der Oper war, der Donauwalzer von acht Damen in weißen Balletträcken auf den Fußspitzen getanzt. Da erlebte ich jedesmal diesen wunderbaren Walzer im Schauer des Entzückens, ich war, wenn der letzte Ton verklungen, erschöpft wie nach einem großen Fieber. Unablässig waren meine Gedanken bei diesem Tanz, den ich bemüht war zu formen, wie er mir vorschwebte. Jeden Nachmittag fuhr ich in die Oper, und ganz allein in dem großen Tanzsaal versuchte ich das herauszubringen und festzuhalten, was ich so brennend empfand. Manchmal war ich ganz unruhig im Suchen nach einer Bewegung, die sich mir nicht formen wollte, und ich erinnere mich, wie ich in der Stadtbahn saß und unablässig an einen Teil des Tanzes dachte, für den mir der rechte Ausdruck fehlte. Plötzlich fiel ein Sonnenstrahl durch das Gewölk und verklärte mit seinem

Im Garten der Hietzinger Villa (um 1904): Gertrud, Marta, Grete, Hilde und Berta Wiesenthal

Licht das Innere des Waggons. Und da wußte ich auf einmal die Lösung der Bewegung, nach der ich so lange gesucht.

Mein nächster Tanz, an dem ich arbeitete, war ein Allegretto von Beethoven. Ich liebte dies Allegretto leidenschaftlich, es schien mir die Musik meines eigenen Empfindens und meiner Jugend. Und mit den ersten Tönen schritt ich, wie aus tiefem Dunkel kommend, tastend vorwärts zum Licht, immer wieder zurückweichend. Ich streckte sehnend meine Arme, die Nebel der Zukunft zu durchdringen, ich tanzte leichtbeschwingt den Wundern des Lebens entgegen, meine Hände schlossen sich, sie zu fassen, doch sie gaukelten wie leuchtende Schmetterlinge vor mir, und meine Hände blieben leer. Ich tanzte meinen Glauben an Gott und mein Ahnen vom Nichts.

Als ich diesen Tanz zum erstenmal vor meiner Schwester und ihrem Bräutigam tanzte, waren die beiden unsicher, wie sie den Eindruck werten sollten, um so mehr als die Ausführung dieses Tanzes noch nicht ganz gekonnt war. Doch ich war ganz sicher, ich wußte, daß der Tanz gut war. Unbeirrt ging ich damals meinen Weg, den Weg der Jungen, die die Tore öffnen und nichts anderes wissen, als daß sie siegen müssen.«

Mut zu diesem Akt der Befreiung hatte den Schwestern auch die Erscheinung der Isadora Duncan inspiriert. Zwar hatten sie sie nicht selbst in ihren Tänzen gesehen, als sie 1902 in der Wiener Secession auftrat, aber sie wurde bald zum Gesprächsstoff in kunstinteressierten Kreisen, nicht nur in Wien. Man erlebte mit ihr erstmals öffentlich einen Ausbruch aus den klassischen Formen des Balletts und zugleich auch einen ungewöhnlichen Akt der Emanzipation einer Frau aus Konventionen, die fast ausschließlich vom Hofleben und von Männern geprägt waren. Die Frauenrechtlerin Marie Lang, die wenige Jahre danach Grete Wiesenthals Schwiegermutter werden sollte, widmete dem Auftreten der Duncan in der von ihr herausgegebenen Zeitschrift »Dokumente der Frauen« eine begeisterte Besprechung, die sie »Offenbarung« überschrieb. Dort heißt es: »Mit scheuen Schritten, fast zaghaft, ist sie eingetreten, leise regt sie sich, und von dem Rhythmus ihrer eigenen Glieder verlockt, spielt sie mit sich selbst das süßeste Spiel der Freude. Das Mysterium der Hellenen ist ihr offenbar worden, daß das Geheimnis aller Herrlichkeit in uns selbst eingeschlossen ruht und wir es uns selbst offenbaren können . . .«

In manchen Bildern von den frühesten Tänzen der Schwestern Wiesenthal scheint das Vorbild der amerikanischen Tänzerin noch durch, und zweifellos war auch der spätere Mentor Alfred Roller in seinen Plänen von der bildhaften, an Motiven aus der Kunst der klassischen Antike orientierten Art Isadora Duncans beeindruckt. Aus den ersten Zeiten des öffentlichen Auftretens der Schwestern Wiesenthal gibt es kaum eine Besprechung, die nicht einen Hinweis auf Isadora Duncan enthielte. Aber trotz der Gemeinsamkeiten, die zunächst in jenem in mehrfachem Sinn emanzipatorischen Moment gesehen wurden, erkannte man auch deutlich die Eigenständigkeit der Schwestern aus Wien. »Abseits von dem allen besteht ein großer, grundlegender Unterschied zwischen Isadora Duncan und den Wiesenthals«, so ein Kritiker in Hannover im Jahre 1908. »Die Duncan legt das Hauptgewicht auf die Momente der Ruhe. Eindrucksvolle Stellungen, bedeutsame Posen sucht sie zu geben, und sie wurde in diesem Bestreben zweifellos durch die griechischen Vasenbilder angeregt oder doch bestärkt. Die Wiesenthals erkennen in der Bewegung den Selbstzweck ihres Tanzes. Sie ist ihnen nicht wie der Duncan nur Übergang von einer Pose in die andere, sondern letztes Kunstziel. Die Schönheit des bewegten Körpers wollen sie uns zeigen. Am intensivsten gilt das von Grete Wiesenthal.«

Die Schönheit des bewegten Körpers: das bedeutet spontanen Ausdruck der Persönlichkeit auf der Grundlage absoluter Körperbeherrschung und damit ebensoviel Abstand zur formalen und ornamentalen Ästhetik des klassischen Balletts wie zu der priesterlichen Pose Isadora Duncans. Der Tanzhistoriker Hans Brandenburg, einer der aufmerksamsten Beobachter der Tanzszene jener Zeit, bestätigt diesen Eindruck im Vergleich und im Rückblick. Ihm verdanken wir einige der sonst verhältnismäßig seltenen Versuche, einzelne Tänze zu beschreiben, bezeichnender Weise unter dem Signum »Der Walzer und die Wiesenthals«.

»Die Wiesenthals«, das waren inzwischen drei: zu einigen ihrer Tänze zogen sie nun die dritte der Schwestern, Berta, hinzu, die von Grete und Elsa ausgebildet wurde. In den Programmen, die sie ab 1907 erprobten, traten sie abwechselnd einzeln, zu zweit und zu dritt auf.

Um diese Zeit wurde man doch auch in der Oper auf Grete Wiesenthals außerordentliche

Grete und Elsa Wiesenthal, um 1902

Begabung aufmerksam. Zumindest einen gab es, der das Talent erkannte und der spürte, daß hier etwas Eigenes und Neues sich zu entwickeln begann: Gustav Mahler. Als Hofoperndirektor unternahm er es, zusammen mit seinem Ausstattungschef Alfred Roller, einem der bedeutenden Vertreter der Wiener Secession, die Konventionen abzustreifen und einen neuen Stil in das verstaubte Haus zu bringen. Das Ballett mußte er – so wie es war – zunächst noch als einen Hemmschuh empfinden. Es scheint, daß eine Integration des Tanzes in die Ideen von Mahler und Roller nicht wirklich gelingen konnte, solang beim Ballett der – von den Hofkreisen favorisierte – Haßreiter das Sagen hatte. Immerhin gab es, auf merkwürdigen Umwegen, Ansätze dazu, und einer dieser Ansätze wurde für Grete Wiesenthal entscheidend.

»Eines Tages« – es dürfte zu Beginn des Jahres 1907 gewesen sein – »ließ mich Alfred Roller zu sich rufen und übergab mir den Klavierauszug von der Oper Aubers ›Die Stumme von Portici‹ mit der Aufforderung, die Partie der Stummen (Fenella) zu studieren und nach meiner Idee auszuarbeiten. Er bat mich auch, vorläufig zu niemandem über diesen Versuch zu sprechen.

In freudiger Bestürzung nahm ich diesen Auftrag entgegen und begann glühend vor Eifer mich in das Studium dieser Partie zu vertiefen.

Bruno Walter sollte die Neueinstudierung dieser Oper leiten und sie auch dirigieren. Als ich

G. W., nach 1900

mit dem Studium der ›Fenella‹ fertig war, wurde ich vorerst zu ihm gewiesen, der eine Klavierprobe mit mir hielt, bevor Gustav Mahler mich prüfen sollte.

Gleich nach der ersten Szene sprach Bruno Walter Worte der Anerkennung zu mir, die allen Zweifel über den Wert meiner Arbeit an der ›Fenella‹ in freudige Zuversicht verwandelten.

Nun aber kam die Probe vor Gustav Mahler, von dessen Entscheidung es allein abhing, ob ich die ›Fenella‹ darstellen sollte. Voll banger Erwartung ging ich in Begleitung Bruno Walters in das Direktionszimmer Mahlers. Und da stand ich vor ihm, den ich so sehr bewunderte, so tief respektierte und dem ich nun beweisen wollte, daß es im Ballettkorps nicht nur Marionetten, wie er sich auszudrücken beliebte, sondern auch denkende und selbstschaffende Tänzerinnen geben kann.

Alfred Rollers Anwesenheit half mir über die nervöse, gar nicht entgegenkommende Art Gustav Mahlers hinweg, und mit einem schweren Seufzer warf ich alle Angst und Zweifel ab und spielte die erste Szene. Als ich zu Ende war, hörte ich kaum die lobenden Worte Mahlers, aber um so interessanter nahm ich das auf, was er kritisierte. Als ich entlassen war, wußte ich gar nicht, ob ich gewonnen oder verloren hatte. Ich war aber so matt und erschöpft nach dieser großen Anspannung, daß ich fast gleichmütig war.

In den allernächsten Tagen wurde ich wieder zu Alfred Roller berufen, der mir die beglük-

26

kende Mitteilung machte, daß Gustav Mahler sich in der Wahl der ›Fenella‹ für mich entschieden hatte. Zugleich schärfte er mir absolutes Stillschweigen zu jedermann über den Beschluß des Direktors ein und begründete dies damit, daß der Ballettmeister im Obersthofmeisteramt gegen die Besetzung dieser Partie mit mir sprechen würde, mit Hinweis darauf, daß die von ihm vorgeschlagene erste Mimikerin diese Partie viel besser darstellen würde als ich, die ich noch nicht einmal den Rang einer Solistin einnahm. Da aber Gustav Mahler wenig Lust hatte, sich vom Ballettmeister die Besetzung der ›Stummen‹ vorschreiben zu lassen, wollte er mit der fertigen Tatsache all diesen langweiligen Intrigen entgegentreten, und so begannen in aller Heimlichkeit meine ersten Proben mit dem Sänger.«

Als Josef Haßreiter erfuhr, wie er übergangen worden war, reichte er seine Demission ein – die wurde aber nicht angenommen, und noch bis zum Untergang des Habsburgerreiches blieben die Geschicke des Balletts an der Wiener Oper in seinen Händen. Der Erfolg der Intrige gab allerdings Mahler und Roller recht, und erstmals sah Grete Wiesenthal sich in ihrer Eigenart auch öffentlich bestätigt. »Eine solche Fenella hat wohl noch keine Bühne gesehen«, heißt es in einer Besprechung: »Ein kleines Mädchen, mager, sogar hager, mit langem Hals und einem Kopf, nichts weniger als absolut schön. Ein Kopf, wie er der Phantasie eines Knopffh entsprungen sein könnte. Aber welch interessantes Mädchen! Man beobachtet ihre ersten leidenschaftlichen Bewegungen (wie sie sich der Prinzessin zu Füßen wirft etc.) und ahnt, sie werde alles besiegen, was an ihr selbst gegen sie spricht, sie werde durchdringen trotz der Unbedeutendheit ihrer Erscheinung, trotz Jugend und Kleinheit und Magerkeit. Und sie drang wirklich durch, sie packte. Und gerade das Störendste, die Magerkeit, half ihr dazu. Denn man sah jeden feinsten Muskel spielen in diesem Gesicht, in diesen Händen, in diesen Fingern. Fräulein Wiesenthal hatte Stellungen, die stilisiert empfunden sein mochten, aber doch natürlich wirkten. Sie hat einen Erfolg erzielt, obgleich sie so ganz von der ›schönen‹ Schablone abwich, trotz ihrer prachtvollen dunkelblonden Haarfülle.«

Als Grete und Elsa Wiesenthal nur drei Monate nach dem Erfolg der »Stummen von Portici« das Hofopernballett verließen und damit eine materiell abgesicherte Position aufgaben, um die sie viele beneideten, war das weniger eine Reaktion auf die durch ihr »Aus der Reihe Tanzen« verursachten Reibungen innerhalb des Hauses als die logische und mutige Konsequenz ihrer künstlerischen Entwicklung. Es ist wohl kein Zufall, daß es Maler, Dichter und Komponisten waren, die dazu beitrugen, die Selbständigkeit zu fördern. Die Maler Rudolf Huber (er heiratete später Elsa Wiesenthal) und Erwin Lang entwarfen Kostüme, Huber stellte sein Atelier für Aufführungen vor geladenen Gästen zur Verfügung. Feste waren die Höhepunkte dieses Zusammenwirkens der verschiedenen Künste. Grete Wiesenthal erinnert sich: »Ich konnte meine Mitwirkung zusagen bei einem Gartenfest, das die Künstler der Gruppe Gustav Klimt arrangiert hatten.

Die Idee zu diesem Feste gaben die Künstler Koloman Moser und Josef Hoffmann, die ihre Schüler an der Kunstgewerbeschule zu den reizendsten Einfällen inspirierten.

Mitten in einem wunderschönen großen Garten wurde eine Freilichtbühne errichtet. Der Hintergrund der Bühne bestand aus weißen Stoffvorhängen, die sich wunderbar leuchtend von dem dunklen Grün der Bäume abhoben, welche mit ihren Zweigen hereingrüßten in die lichte

DIE TÄNZERIN
UND DIE MARIONETTE

PANTOMIME

GARTENFEST IN WEIGL'S DREHER PARK (MEIDLING) 6. UND 7. JUNI 1907

PERSONEN-VERZEICHNIS

DER JUNGE KÖNIG...............	HR. STROHOFER
DIE TÄNZERIN	FRL. GRETE WIESENTHAL
DER KANZLER	HR. FELIX TIETZE
DER HOFMARSCHALL	HR. LEON AMAAR
DER HANSWURST	HR. MORITZ JUNG
	HR. EMANUEL MARGOLD
	HR. ANTON HAFERL
DIE SECHS WÜRDENTRÄGER....	HR. REINHOLD THIEDE
	HR. RUDOLF BÖTTGER
	HR. RUDOLF HÜBER
	HR. VICTOR WASCHNITIUS
	FRL. MARIE BERNATZIK
	FRL. NELLY ATLAS
DIE SECHS HOFDAMEN	BARONESSE ENGERTH
	FRL. LISL V. WOLTER
	FRL. ELLA KENDE
	BARONESSE MAR. WIESER
	HR. FRANZ DELAVILLA
DIE VIER EDELKNABEN	HR. FELIX HEUBERGER
	HR. HANS BOLEK
	BARON FRITZ WIESER
	HR. ALFRED GERSTENBRAND
	HR. ADOLF HOLUB
SECHS BAUERN	HR. ALFRED BISCHOF
	HR. FRITZ ZEYMER
	HR. RUDOLF GUSSENBAUER
	HR. ANTON KLING
	FRL. HELENE BERNATZIK
	FRL. LILITH LANG
SECHS BÄUERINNEN	BARONESSE BEATR. WIESER
	FRL. BERTHA WIESENTHAL
	FRL. HILDA WIESENTHAL
	FRL. WIESENTHAL
DER HIRT	HR. ERWIN LANG
ZWEI SCHARFRICHTER	BARON WOLFGANG WIESER
	HR. DR. FRANZ EXNER
DIE BAUERNKINDER	

Textbuch der Pantomime von Max Mell

Bühne. Der Wind rauschte in den Wipfeln der Bäume, und beim Tanz blickte ich auf zu den Sternen des Himmels.

Das kleine Tanzspiel, das aufgeführt wurde, hieß: ›Die Tänzerin und die Marionette‹, eine Dichtung von Max Mell, die reizende Musik dazu hatte Rudolf Braun komponiert. Mir war die Partie der Tänzerin zugedacht.

An der dekorativen Ausstattung der kleinen Tanzpantomime arbeitete der Architekt Josef Wimmer mit Hilfe der Kunstgewerbeschüler, welche eine Hofgesellschaft mit König und Thron in Schwarz, Weiß und Gold im Gegensatz zu den in grellen Farben spielenden Bauerngruppen auf die Bühne stellten.

Schüler und Schülerinnen der Kunstgewerbeschule spielten in der Pantomime, und durch das Mitwirken all dieser jungen begeisterten Menschen erreichte das Gebotene eine seltene Schönheit und Anmut.

So wurde dieses Fest zu einem wahren Fest von Kunst, Natur und Jugend, und es fiel aus der Reihe sonstiger Gartenfeste durch seinen großen künstlerischen Schwung heraus.« »Das Schönste an diesem kleinen Sommernachtstraum«, schreibt Stefan Grossmann, »ist die Tänzerin, die von Fräulein Grete Wiesenthal gegeben wird. ›Ein elfisch Wesen‹, von zartester Leichtigkeit, wie von jedem Windhauch getrieben, schwärmt zauberisch über die Bühne, und jeder ihrer leichten Schritte ist Musik.« Musik – in ihren Erinnerungen schreibt Grete Wiesenthal einmal: »Musik war wie die Luft nötig für mein Leben.« Daß sie in der Musik lebte, daß sie diese »Luft«, die sie atmete, sichtbar zu machen verstand, darin liegt wohl das Geheimnis ihres nun einsetzenden Erfolges. Und auch darin, daß es ihr mit ihren Schwestern gelang, aus der Tradition – der des Walzers vor allem, und das heißt: des Gemüts – zu schaffen und zugleich den zeitgenössischen, noch vielfach bespöttelten Tendenzen zur Stilisierung entgegenzukommen. Wiener Walzer und Wiener Secession – das schien ein unüberbrückbarer Gegensatz zu sein. Im Tanz der Schwestern Wiesenthal wurde dieser Gegensatz aufgelöst.

Die Synthese – und der wirkliche Durchbruch der Schwestern Wiesenthal – ereignete sich im Januar 1908 im »Cabaret Fledermaus«. Dieser von Josef Hoffmann und Berthold Löffler eingerichtete Lieblingstreffpunkt aller »Modernen« war ein halbes Jahr vorher von Fritz Wärndorfer, dem Begründer der »Wiener Werkstätte«, eröffnet worden. Eine zeitgenössische Beobachterin, Helga Malmberg, die Biographin Peter Altenbergs, erinnert sich: »Schon die Auffahrt der vielen Wagen und eleganten Equipagen vor dem bescheidenen Lokal in der Johannisgasse war ein Ereignis. Das kleine Theater war bis auf den letzten Platz gefüllt. In den Logen sah man eine Auswahl des österreichischen Adels, wie man sie nicht besser wünschen konnte. Künstler von Rang und Namen waren erschienen.

Peter Altenberg war zuerst sehr skeptisch gewesen; besonders als er hörte, daß es sich um Tänzerinnen handelte. Auch war es nicht ganz leicht, ihn zu einer so frühen Stunde mobil zu machen. Wärndorfer hatte ihm einfach seinen Wagen geschickt. Der Dichter war keineswegs in rosiger Laune, und ich betrachtete ihn mit einiger Besorgnis. Wie sehr erinnerte mich diese Vorstellung an eine vergangene Premiere in der ›Galerie Miethke‹.

Aber dieses Mal begann alles unter völlig anderen Vorzeichen. Schon das erste Bild des Programms fesselte sofort die Aufmerksamkeit. Zwei ganz junge, elfenhaft zarte Mädchen in einfachen weißen Kleidern tanzten einen Walzer von Chopin. Man spürte sofort, daß hier etwas ganz Neues versucht wurde: eine seelisch-beschwingte Natürlichkeit des Tanzens. Jede Anlehnung an die künstliche Routine des Balletts wurde vermieden. Dennoch sah man, daß die jungen Künstlerinnen geschmeidige und leistungsfähige Körper hatten. Nichts erinnerte an Dilettantismus. Es gab keinerlei künstliche Stellungen; alles war aufgelöst in Bewegung. Jeder Schritt war der Musik angepaßt, der Melodie hingegeben. Die anwesenden Künstler waren begeistert – die Maler von der bildhaften Wirkung der Tänze, die Musiker davon, wie sich alles aus dem Rhythmus der Tänze entwickelte. Immer wieder trafen einander in diesem ersten Walzer die zwei Schwestern mit hocherhobenen Armen; es sah aus wie Blumen, die sich schließen. Wir wurden sofort an das Bild ›Primavera‹ von Botticelli erinnert.

Aber dies war nur der Auftakt . . . Als erste nach der Pause erschien die älteste Schwester, Grete Wiesenthal, in einem weiten Gewande aus grüner Seide. Das schöne goldbraune Haar des jungen Mädchens wehte aufgelöst um ihre Schultern. Die Kindlichkeit dieser Erscheinung war rührend. Zugleich aber fühlte man deutlich eine große erotische Anziehungskraft. Die junge Künstlerin tanzte den Lieblingswalzer der Wiener, ›An der schönen, blauen Donau‹. Wenn diese Musik allein schon die Herzen ergriff, so fesselte sie der Tanz noch mehr. Es ist schwer zu beschreiben, worin eigentlich Gretes besondere Wirkung bestand. Man konnte schon beim ersten Auftreten feststellen, daß sie eine Persönlichkeit war. In ihrer Kunst blieb sie stets in den Grenzen des Natürlichen, aber verglichen mit Elsa hatten ihre Bewegungen etwas Barockes. Alles an ihrem Tanz wirkte plastisch und dramatisch. Bald warf sie den Kopf so weit zurück, daß ihre langen Haare fast den Boden berührten, bald streckte sie beide Arme und sprang jauchzend in die Höhe. Die Schwerkraft schien in solchen Augenblicken überwunden. Dann wieder schüttelte sie mit anmutiger Bewegung die Haare zurück und ging ein paar Schritte zierlich und beherrscht mit streng abgebogenen Händen. Wie Ähren im Winde bogen sich ihre Glieder im Rhythmus der Musik. Sie beendete ihren Tanz mit einem letzten, himmelstürmenden Schwung. In dieser Bewegung blieb sie wie erstarrt stehen. Der Beifall war frenetisch: kein Publikum kann so impulsiv und enthusiastisch applaudieren wie die Wiener. Reizend war die Spiegelung der Gefühle auf ihrem Gesicht, sie schien erstaunt, verwirrt, und genoß dennoch ihren ersten Triumph. Mit diesem Tanz schuf sich Grete Wiesenthal eine Glanznummer, die sie später unzählige Male wiederholen mußte und durch die sie eine internationale Berühmtheit erlangen sollte.

Noch einmal erschienen alle drei Mädchen gleichzeitig auf der Bühne; sie tanzten zu Walzermelodien von Schubert und Strauss in hellgrünen Gazekleidern mit Blumenkränzen im Haar. Es war, als wollten sie uns noch einmal zeigen, daß der Tanz nur ein Ausdruck ihrer Gefühle war, ein Schweben, Schwingen, Springen aus innerer, jugendlicher Lebenslust, die ihr Element war. Dieser Tanz wurde zum größten, zum entscheidenden Erfolg des Abends.

Der letzte Walzertakt verhallte, ein nicht endender Jubel ertönte, man stand von den Sitzen auf, rief Bravo, warf den Mädchen Blumen zu. Kurz, es war eine Stimmung der Begeisterung, wie sie sogar in Wien selten ist. Die Wiesenthals hatten gesiegt, sie hatten sich in die Herzen der Wiener hineingetanzt . . . Wer waren diese Märchengestalten, woher stammten sie und wem verdankte man ihre Entdeckung? Gustav Klimt war der einzige, der etwas von ihnen wuß-

THEATER UND KABARETT FLEDERMAUS

Grete, Elsa, Berta
WIESENTHAL

Reihenfolge der
TÄNZE:

1. Chopin: Walzer Des-Dur
     Grete, Elsa Wiesenthal
2. J. Strauß: Rosen aus dem Süden
     Elsa Wiesenthal
3. Beethoven: Allegretto, Sonate F-Dur
     Grete Wiesenthal
4. R. Schumann: Aus dem Karneval
     Else Wiesenthal
   a) Prèambule
   b) Valse noble
   c) Pierrot-Harlekin

TEE-PAUSE IN DER BAR.

5. Massenet: Tanz aus Manon
     Grete, Elsa, Berta Wiesenthal
6. Beethoven: Andante con moto Klavierkonzert G-Dur
     Grete Wiesenthal
7. Joh. Strauß: Donauwalzer
     Grete Wiesenthal
8. Lanner-Schubert, zusammen-gestellt von J. Baier
     Grete, Elsa, Berta Wiesenthal

Programm zur Premiere im Cabaret »Fledermaus« vom 14. I. 1908

G. W. in der Küche des Elternhauses, Hietzing, um 1910

te . . . Hoffmann und Moser erzählten, daß sie die Mädchen zum ersten Mal im Atelier eines Kollegen, des Malers Rudolf Huber, tanzen gesehen hatten. Zu diesen Atelier-Abenden waren Künstler und Schriftsteller eingeladen. Hugo von Hofmannsthal hatte Wärndorfer zuerst auf die Schwestern aufmerksam gemacht . . . Von jetzt an konnte man jeden Abend dieselbe Auffahrt von Equipagen vor dem ›Cabaret Fledermaus‹ sehen. Es wurde bald notwendig, daß ein Wachmann die Ordnung in der engen Gasse aufrecht hielt. Denn täglich fanden sich dort geduldig wartende Leute ein, die sich um die wenigen billigen Galerieplätze des kleinen Theaters anstellten. Es waren Gymnasiasten darunter, Studenten, Angestellte, Leute des kleinen Mittelstandes. Alle wollten die Wiesenthals tanzen sehen.«

Alle wollten sie nun tanzen sehen, und bald nicht nur in Wien. In Berlin und selbst in St. Petersburg, das damals als die internationale Hochburg des Tanzes galt, begann man, sich für die Schwestern Wiesenthal zu interessieren, sich um sie zu reißen. Hugo von Hofmannsthal hatte im Anschluß an einen der Tanzabende in Rudolf Hubers Atelier die Verwirklichung seiner seit langem gehegten Pantomimenpläne in greifbare Nähe gerückt gesehen und die Verbindung zu Max Reinhardt hergestellt. Als Grete, Elsa und Berta Wiesenthal Ende Februar 1908 in Berlin tanzten, muß es den Beteiligten wie die Annäherung an einen lang gehegten Traum erschienen sein: den Traum, Dichtung, Malerei, Musik und Gebärde im Kunstwerk der Inszenierung miteinander zu verschmelzen und dennoch die Persönlichkeit jedes Künstlers und das Individuelle der jeweiligen Ausdrucksform bestehen zu lassen. Reinhardt war – unter tatkräftiger Beteiligung Hugo von Hofmannsthals – dabei, diesen Traum zu verwirklichen. Wie intensiv Hofmannsthal sich für das Zustandekommen der Verbindung zwischen Max Reinhardt und Grete Wiesenthal engagiert hat, ist in einem ausführlichen Brief an Max

Der Impresario Adolf Menkes, 1909

Reinhardts Bruder Edmund, den geschäftlichen Leiter der Berliner Theater, dokumentiert. »Es handelt sich um jene Wiener Tänzerinnen«, heißt es dort, »die drei Schwestern Wiesenthal, von denen ich Ihrem Bruder mehrfach gesprochen habe und deren Hübscheste und Geschickteste nach einer Idee, die sich in meiner Phantasie einmal festgesetzt hat, mit einem Tanz den Abschluß der Lysistrata bilden soll, eine Idee, die mir so reizvoll erscheint, daß ich (nicht juristisch, sondern künstlerisch gesprochen) davon das Schreiben oder Nichtschreiben meines Prologes abhängig machen möchte.« Reinhardts »Lysistrata«-Inszenierung (Ende Februar 1908) wurde mit einem Tanz der Schwestern Wiesenthal abgeschlossen, und Hofmannsthal schrieb den Prolog.

Mit dem Schritt nach Berlin war der Weg in die Welt eröffnet. In den Jahren bis zum Beginn des Ersten Weltkriegs überstürzten sich die Engagements und die Erfolge, das Publikum der großen Variétés und Revuen war begeistert. Nach Wien, Berlin und St. Petersburg finden wir die Schwestern Wiesenthal im Jahr 1908 in Hannover, München, Wiesbaden, Mannheim, Frankfurt, Bad Homburg, Mainz, Dresden, Köln, im folgenden Jahr wieder in Wien und Berlin, in Leipzig, Hamburg, Stuttgart, Heidelberg, Freiburg, Straßburg – und das sind nur einige von vielen Stationen. Von Juli bis Oktober 1909 drei Monate lang in London: unter fünfzehn »Nummern« – zwischen Akrobaten, Sängern und Clowns – bilden ihre Tänze die Hauptattraktion im Riesensaal des neueröffneten London Hippodrome. »The Wiesenthals a Furore!« meldet die Reklame am Tag nach der Premiere. Im Oktober 1909 folgte ein Gastspiel im Théâtre du Vaudeville in Paris.

Man kann sich vorstellen, daß der dauernde Ortswechsel und das häufige Auftreten – in London täglich um zwei Uhr Nachmittag und abends um acht – die Kräfte zu erschöpfen drohte. Daß dennoch eine Weiterentwicklung möglich war, daß Grete Wiesenthal sich nicht mit den bewährten Erfolgen begnügte, sondern nicht müde wurde, nach immer neuen Formen des Ausdrucks zu suchen, ist angesichts eines solchen Programms durchaus erstaunlich. Trotz ihrer auswärtigen Erfolge blieb sie dem Geist ihrer Heimatstadt – und den Wiener Künstlern – stets treu, gab und holte sich dort neue Kraft. Und obwohl sie den reinen Tanz, wie er vor allem in ihren Walzern zum Ausdruck kam, immer deutlicher als ihr stärkstes Mittel erkannte, erforschte sie unermüdlich auch die Möglichkeiten der Gestaltung durch Mimik und pantomimische Gebärde. Die Bindungen zu den bildenden Künsten und zum Theater wurden auch weiterhin gepflegt. Anläßlich der Wiener »Kunstschau« im Sommer 1908, in der die Secessionskunst in allen ihren Formen triumphierte, trat sie in einer neuen Pantomime von Max Mell auf, »Der silberne Schleier«, und in einer weiteren, »Der Geburtstag der Infantin«, nach einem Märchen von Oscar Wilde, zu der der damals noch gänzlich unbekannte Franz Schreker die Musik komponierte und dirigierte. Zwei Jahre später komponierte Schreker für Grete Wiesenthal und nach ihren Vorschlägen die beiden Stücke »Panstänze« und »Der Wind«.

In einem Vortrag, den sie im Oktober im Kunstsalon Hugo Heller, einem der Sammelpunkte des literarischen und geistigen Wien, hielt, gibt sie über ihre Entwicklung zwischen Pantomime und Tanz Auskunft: »Im Menuett aus Manon ist ein Versuch zur stärkeren Charakterisierung gemacht. Da gibt es schon einen Herrn und zwei Damen, die nicht mehr immer parallele Bewegungen machen – sondern im Widerspiel am ausdrucksvollsten werden. Gegeneinanderspiel – und in einer Tarantella von Auber stehen sich ganz scharf zwei Figuren gegenüber, von welchen die eine die Ruhige ist und von der anderen, bewegteren fortwährend umtanzt wird, es ist beinahe bis zum Schluß also der größte Gegensatz auf der Bühne . . . Aber solang ich mich so ganz an die Musik hielt, konnten meine tänzerischen Ideen und Bewegungen nicht ganz frei sich entfalten. Es blieb ein ungelöster Rest. Aber jetzt kamen mir immer mehr und mehr Tanzideen, durch das Ansehen der Blätter an den Bäumen, die zitterten, durch einen Vogelflug, durch ein Tier, durch alles kamen mir neue Erkenntnisse von Bewegung in meinen Sinn, die noch kein Musiker rhythmisiert hatte und die in mir neue Tänze schufen.

So mußte ich mir meine eigene Musik schreiben lassen, zu dem Tanz, der Wind benannt ist. Ich wählte mir den Wind als Thema, weil er mir die Möglichkeit gab, ein kleines Drama auf der Bühne zu zeigen. Ich zeigte, wie der Wind immer stärker wird, die jungen Bäume sich neigen, Stille, leises Zittern, endlich kommt er sausend in Wirbeln, der Wind bricht los. Es beginnt ein Kampf zwischen den Winden und einem alten Riesenbaum. Dieser Baum fällt endlich, es ist Ruhe, und leise zittern die Blätter nach.«

Als Grete Wiesenthal im März 1910 im Raimundtheater diesen Tanz – zusammen mit anderen – den Wienern zeigte, gab sie dem Publikum im Programmheft erläuternde Worte mit auf den Weg:

Der Wind

»Sacht erhebt er sich, und die Blätter zittern leise, die jungen Bäume werden von ihm bewegt, sie müssen sich beugen!

Junge Menschen tanzen vom Wind getrieben, getragen, sie glauben hinzufliegen mit ihm.

G. W. am Klavier, 1908

Der Wind wird toller, er erfaßt die Zweige, die bebend auf und nieder wehen.

Auch die Menschen werden von diesem Treiben mitgerissen, sie laufen in den Wind, lachen mit ihm, werfen sich ihm entgegen, ganz außer sich, dem Spiel der Winde hingegeben.

Der Wind wird zum Sturm, ernst und gewaltig – die Menschen halten einander fest umschlungen, um gegen ihn anzukämpfen – alles ist Kampf. Der große starke Baum fällt.

Der Sturm ist vorbei, nur leise zittern die Blätter.«

In dem zitierten Vortrag meint Grete Wiesenthal zu diesem Tanz: »Da hatte ich die Möglichkeit, die verschiedensten Bewegungen, die verschiedensten Stimmungen rasch hintereinander zu zeigen. Aber doch war alles *nur Rhythmus* und Bewegung. Alle Bewegungen waren Symbole . . . Aber ich mußte weiter zum Menschen. Zur größten Möglichkeit der Charakterisierung, zum verständlichsten Drama, dem eines Menschen. Der Auserkorene sollte kommen und seine schlafenden Schwestern erwecken. Ich wollte darstellen den reifen erwachten Menschen, der bereit ist, das Leben zu empfangen mit all seinen Süßigkeiten und Schrecknissen zum Unterschied von den andern, noch träumenden, fürchtenden, hoffenden. Die beiden Hauptpersonen hatte ich bald. Ich wollte ein Liebespaar darstellen, und zwar die ganze Stufenleiter vom ersten Begegnen, Zurückschaudern und der endlichen Vereinigung. Um dieses Liebespaar herum war eine Schar von Freundinnen als Gegenmasse, die den Hintergrund zu den Bewegungen des Liebespaares gaben.

Mit diesem Wunsch nun kam ich zu Reinhardt, der selbst schon lange den Wunsch hatte, eine Pantomime aufzuführen, und der begeistert sofort mit einem Dichter Freksa und mir sich hinsetzte und um diesen Kern herum die Pantomime Sumurûn gruppierte.

Bei dieser Arbeit, bei der zum ersten Mal eine moderne Pantomime in größerem Stil auf die Bühne kam, da erkannten wir ganz die Möglichkeiten dieser neuen Kunstform, die keineswegs für uns mit diesem Experiment erschöpft, sondern erst durch die neuen Erfahrungen, die noch ganz unbekannten Wirkungsweisen der vorbeiziehenden Visionen, die die Pantomime kennzeichnen, Visionen, die nur von Musik begleitet sind, ist es möglich, eine Pantomime in diesem Sinn zu bringen . . . Es ist ja bekannt, daß die wundervollsten und stärksten Wirkungen von Theaterstücken . . . in den stummen Scenen beruhen . . . Die neue Pantomime unterscheidet sich von der alten dadurch, daß sie sich *nicht* durch eine Zeichensprache – wie sie die Taubstummen z. B. benutzen, verständlich macht. Sondern die großen Massenbewegungen, die der einzelnen Figuren, ihr Liegen, Stehen, Schreiten und zuletzt ihr Tanzen erzählt die Handlung, muß die Handlung klar machen.« Und sie nennt den Tanz den höchsten Ausdruck der neuen Pantomime.

Grete Wiesenthal hat sich nicht auf Pantomime *oder* Tanz festlegen lassen; beides – wie auch die Weiterführung und Ausarbeitung ihrer Solotänze und zugleich die Offenheit gegenüber dem Theater, der Ensemblearbeit – schloß einander nicht aus. In einer von Max Reinhardts berühmten »Sommernachtstraum«-Inszenierungen – 1909 im Münchner Künstlertheater – studierte sie den Elfenreigen ein, tanzte die erste Elfe. Mit »Sumurûn« in den Kammerspielen des Deutschen Theaters im Frühjahr 1910 war für Grete Wiesenthal wie auch für Reinhardt der Traum von der neuen Pantomime zum ersten Mal wirklich erfüllt. Elsa und Berta wirkten hier ebenfalls mit; danach allerdings trennten sich die Wege. Es mag sein, daß Grete Wiesenthal sich durch die dauernde Bindung an ihre Schwestern in ihrer Entwicklung gehemmt fühlte; jedenfalls beschlossen die beiden jüngeren Schwestern, eine Tanzschule zu gründen und – später vereint mit der jüngsten Schwester, Martha – eigene Tanzabende zu veranstalten. Im Sommer des Jahres 1910 heirateten Grete Wiesenthal und Erwin Lang. 1911 wurde der Sohn Martin geboren.

In diese Zeit fällt auch die enge Zusammenarbeit mit Hugo von Hofmannsthal an den Pantomimen »Amor und Psyche« und »Das fremde Mädchen«, eine für beide beglückende Begegnung. Kurz vor der Aufführung der beiden Pantomimen, im Sommer 1911, berichtet Hofmannsthal an Ottonie Gräfin Degenfeld: »Gestern im Wald spielte Gretl für mich Amor und Psyche und ich war ganz betroffen, tief bezaubert von dieser Fülle des Einfalls, dieser lieblichen, und in den finstern Momenten fast grausigen Erfindung, diesem fließenden Reichtum und der tiefen Klugheit und Kraft, die das alles aneinanderbindet zur Einheit, vom einen zum andern eine wahre *Linie* erstehen läßt. Unendlich zum Herzen geht ein solches lebendiges Gebilde, das mit dem Moment des Genießens dahin ist – wie das Leben selbst, und worin alles wahr ist und doch alles zart, gereinigt. Wie ich mich in diesem Jahr den 3 Künsten der Musik, der Schauspielkunst und dem Tanz, verknüpfen konnte – und gar nicht planmäßig, ganz von

G. W. und Erwin Lang, Hochzeitsbild, 5. Juni 1910   G. W. mit dem Sohn Martin, Herbst 1914

selber ist es gekommen.« (Der Musik, der Schauspielkunst: im Januar 1911 war in Dresden »Der Rosenkavalier« uraufgeführt worden, im Dezember folgte die Uraufführung des »Jedermann« in Berlin – beide in Max Reinhardts Inszenierung.) Grete Wiesenthal hat ihrerseits in einem Aufsatz, »Pantomime«, der anläßlich der Aufführung der beiden Pantomimen in einer Zeitung erschien, über die Zusammenarbeit mit dem Dichter berichtet: »Wie der Dichter dazu kam, diese Szenen zu schreiben? Man glaube ja nicht, daß sie am Schreibtisch entstanden sind. In einem stillen Garten im schönen Aussee wurden alle diese Szenen von mir zunächst in allen Gebärden und Gesten, in Schritt und Gang versucht. Hofmannsthals große Liebe für den Tanz, sein tiefer Sinn für den Rhythmus schufen in ihm das feinste Gefühl für den Aufbau des wortlosen Spiels. Bis ganz allmählich, von Versuch zu Versuch schreitend, der Dichter die Szenen voneinander schied und sie bis zur geringsten Bewegung mit Rhythmus durchdringen konnte . . . Ich vertraue meinem Dichter, ich vertraue der Macht der empfundenen, im Rhythmus um die stärkste Lebenswahrheit ringenden Gebärde.«

Die Aufführungen der beiden Pantomimen »Amor und Psyche« und »Das fremde Mädchen«, September 1911 im Theater an der Königgrätzer Straße in Berlin, von Grete Wiesenthal selbst inszeniert, wurden von einigen ihrer Tänze begleitet. Und es scheint, daß es die Tänze waren, die hier wie auch bei der darauffolgenden Tournee das Publikum am meisten bezauberten. Diese Tänze – der Donauwalzer, der Frühlingsstimmenwalzer und die Ungarische Rhapsodie von Liszt – waren es auch, mit denen Grete Wiesenthal im Frühjahr 1912 ein Gastspiel im New Yorker Winter Garden gab. Daß Grete Wiesenthal damals nicht auf der mit nur einer Woche Abstand auslaufenden »Titanic« reiste und zugrunde ging, ist dem Schicksal zu verdanken und ihrer Schwiegermutter Marie Lang, die die Reise organisiert hatte und die mitfuhr. Die Pressekommentare aus New York erregen heute Heiterkeit. Zunächst galt das Hauptinteresse der »Obersuffragette aus Wien«, Marie Lang, und ihrer originellen Kopfbedeckung, dann wußten die Zeitungen zu melden, die Tänzerin habe nur mit persönlicher Genehmigung des Kaisers das Land verlassen dürfen, da sie noch minderjährig sei, Franz Liszt persönlich habe sie entdeckt und sie gebeten, die »Ungarische Rhapsodie« zu tanzen, und der größte lebende Komponist der Welt, Richard Strauss, sei soeben damit befaßt, für sie die Rolle der »Ariadne« zu komponieren . . . Es waren dies die üblichen Vorbereitungen des Starkults; Grete Wiesenthal erschien dann tatsächlich gegenüber der ganzen Schar der Revuegrößen (darunter auch der Sänger Al Jolson, der später durch sein Auftreten im ersten Tonfilm, »The Jazz Singer«, Weltruhm erlangen sollte) hervorgehoben auf dem Programm. Aber nur einige Kenner wußten ihre Kunst zu schätzen; die meisten zogen wohl die gröberen Genüsse, an die sie gewöhnt waren, vor. Die Kritiken waren freundlich, aber der Londoner Erfolg wiederholte sich nicht.

Um diese Zeit hatte Hugo von Hofmannsthal Kontakte zu Sergej Diaghilew hergestellt, und nach ihrer Rückkehr aus Amerika unterzeichnete Grete Wiesenthal einen Vertrag, der ihre Teilnahme an der Pariser Saison der »Ballets Russes« im Jahre 1913 vorsah. Hofmannsthal, der zusammen mit Harry Graf Kessler und Richard Strauss für Diaghilew und Nijinski gerade die »Josephslegende« entwarf, war begeistert von dem Gedanken, Grete Wiesenthal und womöglich auch noch Max Reinhardt mit den Russen zusammenzubringen – eine Kombination, die nahelag, denn hier war eine umfassende Erneuerung des Balletts als Ensemblekunst im Gange, wie sie all denen, die der Konventionen müde waren, seit langem vorschwebte. »100 Ballette« wolle er für die Russen dichten, schrieb Hofmannsthal damals voller Enthusiasmus, und »Gretl« sollte dabeisein.

Keiner dieser Pläne wurde jedoch verwirklicht, vielleicht deshalb, weil nun die Chancen, die der Film bot, näher ins Blickfeld rückten, vielleicht aber auch, weil Grete Wiesenthal im Ballett – auch in dem erneuerten, phantasiereichen der Russen – eine Gefahr für die Ausbildung der individuellen Züge des einzelnen Tänzers sah. Im Grunde genommen ist sie, auch in ihren Choreographien, auch später als Lehrerin, in diesem Sinn immer »aus der Reihe getanzt«. Auch bei der Stuttgarter Uraufführung von »Ariadne auf Naxos« im Oktober 1912: Hofmannsthal, Strauss und Reinhardt hatten ihr die Rolle des Küchenjungen, der aus einer Riesenpastete springt und tanzt, und die des tanzenden Schneidergesellen am Hof des reichen Bürgers auf den Leib gedichtet, komponiert und inszeniert.

G. W. und Hugo von Hofmannsthal, um 1910/11

G. W. in einem Seidenkimono, ein Geschenk Hugo von Hofmannsthals aus dem Jahr 1911

Im Frühjahr 1913 wurde »Das fremde Mädchen« durch den großen schwedischen Regisseur Mauritz Stiller in Stockholm verfilmt; schwedische Schauspieler, unter ihnen vor allem Gösta Ekman, waren Grete Wiesenthals Partner. Es war die Zeit der Erfindung des »Künstlerfilms«, die deutsche Produktionsfirma Royal Films warb mit Hofmannsthals Namen als dem des »größten lebenden Autoren«. Als der Film in die Kinos kam, kündigte eine andere Firma, die Deutsche Bioscop G.m.b.H. in großen Annoncen eine »Grete Wiesenthal-Serie« an und vermeldete: »Um Verwechslungen vorzubeugen, bringen wir hiermit zur Kenntnis, daß die berühmte Tänzerin ausschließlich für obige Firma verpflichtet ist u. demnächst der 1. Film erscheint.« Ein Konkurrenzkampf war ausgebrochen bei dem Bemühen der Filmindustrie, durch die Verpflichtung anerkannter Autoren und berühmter Bühnendarsteller den Film vom Odium des billigen Vergnügens zu befreien und ihm neue Publikumsschichten zu gewinnen. Welche Blüten die Verquickung von Kunst und Kommerz treiben konnte, läßt sich an den zahlreichen Ankündigungen eines Films ablesen, an dem Grete Wiesenthal im Herbst 1913 in den Neubabelsberger Ateliers der »Deutschen Bioscop« mitarbeitete: »›Kadra Sâfa‹. Ein orientalisches Schauspiel von D. J. Rector. Den Hintergrund der Handlung bildet das große Christengemetzel im Libanongebiet im Jahre 1860. Stark bewegte Volksszenen wechseln mit intimen

Reklame in der »Kinematographischen Rundschau«, 1913

Haremsbildern, *die sonst dem Auge des Europäers verschlossen bleiben.* Ein zartes Liebesidyll zwischen Kadra Sâfa, der Tochter eines mächtigen Scheichs, und Mr. Warden, einem Forschungsreisenden, das mit dem tragischen Untergang der Liebenden endet, bildet den Mittelpunkt der Handlung. Die Rolle der Kadra Sâfa wurde in hochkünstlerischer und eigenartiger Auffassung gespielt von Grete Wiesenthal.« Oder: »Kadra Sâfa von D. J. Rector mit Grete Wiesenthal in der Hauptrolle ist ein Film, der infolge seiner Eigenart eine Klasse für sich bildet. Höchste Kunst und stärkste Sensation geben ›Kadra Sâfa‹ das Gepräge. Einzig in seiner Art ist das farbenprächtige Milieu, unübertroffen das glänzende Spiel der Hauptdarstellerin. Der Vorwurf zu ›Kadra Sâfa‹ ist einem gänzlich neuen Stoffgebiet entnommen. Dieser Film fällt somit vollkommen aus dem Rahmen des Gebotenen und muß daher das Interesse und das Entzücken aller Kreise erregen.«

Es ist offenbar, aber den Filmhistorikern bislang wenig ins Bewußtsein gerückt, daß Reinhardts Pantomime »Sumurûn«, die inzwischen auch – in wechselnder Besetzung – in London und New York Begeisterung hervorgerufen hatte, daß die Erneuerung der Pantomime, die Grete Wiesenthal mit initiiert hatte, der Entwicklung der Filmkunst entscheidende Impulse verlieh. Die Mehrzahl der wichtigsten Darsteller in den »Künstlerfilms« kamen von Reinhardt: Paul Wegener, Albert Bassermann, Alexander Moissi, Ernst Lubitsch, Werner Krauss, Ernst

»Das fremde Mädchen«, Filmplakate von 1913

Deutsch, Tilla Durieux, Leopoldine Konstantin, Lucie Höflich, Grete Berger – und einige von
ihnen waren Grete Wiesenthals Partner in »Sumurûn« gewesen. Der zweite Film der »Grete
Wiesenthal-Serie«, von dem Dänen Stellan Rye, der auch der Regisseur des berühmten »Stu-
denten von Prag« war, inszeniert, hieß »Erlkönigs Tochter« (dazu gibt es einen detaillierten
Bericht von Max Lehrs); ob der dritte, der unter dem Titel »Die goldne Fliege« (ebenfalls von
Stellan Rye) angekündigt wurde, auch tatsächlich entstand, ist ungewiß.

Der Kontroverse um den Kunstcharakter des Films, die sogar mit gerichtlichen Mitteln aus-
gefochten wurde – das Gewerbegericht bestritt dem Film die Seriosität –, verdanken wir eine
interessante Stellungnahme Grete Wiesenthals: »Nach all dem Richtigen und Zutreffenden,
was hier gesagt worden ist, bleibt mir nur übrig, von meinem persönlichen Standpunkt aus zu
versichern, daß man nie einen zugkräftigen Film, sondern viel, sehr viel Kunst von mir gefor-
dert hat, soviel Kunst, als ich nur herzugeben vermochte, niemals aber Konzessionen auf
Kosten meines künstlerischen Schaffens. Ich bin mir nicht bewußt, daß mein Gestalten vor
dem Aufnahmeapparat auch nur eine Spur anders wäre als auf der Bühne. Dafür aber bietet
mir der Film die gar nicht zu unterschätzende Möglichkeit, die mir nicht einmal der Spiegel
gibt, mein gesamtes Schaffen in allen Phasen genau zu beobachten und mir ein sicheres Urteil
darüber zu bilden, wie weit die tatsächliche Wirkung einer Geste oder einer Miene mit den ihr

41

Aus dem Film »Kadra Sâfa«, 1913

zugrundeliegenden Absichten übereinstimmt. Das ist ein ungemein wichtiges und interessantes Korrektiv, wie ich es mir besser nicht wünschen kann. Und so kann ich gestehen, daß mir das Schaffen für den Film große künstlerische Befriedigung gewährt und viel Freude macht.«

Der Weltkrieg unterbrach – nicht nur für Grete Wiesenthal – diese Entwicklung, und auch später ist Grete Wiesenthal (außer anläßlich einer Dokumentation) nicht mehr in Filmen aufgetreten.

Der Krieg bedeutete auch die Trennung von Erwin Lang. Erst 1920, nach harter sibirischer Gefangenschaft und einem längeren Aufenthalt in China, kehrte er nach Wien zurück. Die Wege trennten sich, aber beide blieben Freunde bis zu Erwin Langs Tod im Jahr 1962. Grete Wiesenthal hatte sich mit dem dänischen Dichter Aage Madelung verbunden.

Um 1913/1914 hatte Hugo von Hofmannsthal seine Pantomimenpläne weiterverfolgt. Es entstanden Entwürfe zu einer Pantomime »Der dunkle Bruder«, die auf die beiden Brüder Max und Edmund Reinhardt Bezug nehmen sollte und für die sich der Dichter ein gemeinsames Auftreten Grete Wiesenthals mit der Schauspielerin Gertrud Eysoldt vorstellte. Zwei weitere von Hofmannsthal skizzierte Szenarien heißen »Die Biene« und »Der Taugenichts«.

DIE BIENE

EINE
PANTOMIME
IN ZEHN BILDERN
VON
GRETE WIESENTHAL
MUSIK VON
CLEMENS VON FRANCKENSTEIN
OP. 37,

DREI MASKEN-VERLAG, G.M.B.H.
BERLIN-MÜNCHEN

»Die Biene«, Titelbild des Textbuchs, erschienen 1917

Beide hat Grete Wiesenthal später selbst weiter ausgearbeitet und auf die Bühne gebracht, »Die Biene«, mit Musik von Clemens Franckenstein, 1916 am Hoftheater Darmstadt, den »Taugenichts« – nun als »Der Taugenichts von Wien« –, von Franz Salmhofer vertont, 1930 an der Wiener Oper.

Auch während des Krieges hatte Grete Wiesenthal Erfolg mit ihren Tänzen, in verschiedenen Städten Deutschlands und immer wieder in Wien, wo sie nun auch unter den Tänzern des Hofopernballetts Partner fand, die sich von der Ballettschablone abhoben und die bereit waren, eigene und neue Ideen zu verwirklichen. Der »Freie Tanz« stand ja inzwischen in Blüte, die Schulen von Emile Jaques-Dalcroze etwa oder die von Rudolf von Laban, wenngleich ganz anders geartet als Grete Wiesenthal, unterstützten die Bewegung gegen die Vorherrschaft des klassischen Balletts, Soloauftritte von Tänzern waren an der Tagesordnung. Der Tanz fand als Kunstform mehr und mehr Anerkennung. Rein äußerlich läßt sich das schon an den Schauplätzen der späteren Auftritte Grete Wiesenthals ablesen: etwa von 1916 an sind es kaum noch die großen Variétés, sondern eher Konzertsäle. In Wien trat zum Beispiel an die Stelle des Apollotheaters im Januar 1916 der Große Musikvereinssaal. Bis zum Jahr 1928 hat Grete

Wiesenthal dann etwa dreißig Tanzabende im Großen Konzerthaus-Saal in ihrer Heimatstadt gegeben. Ein wichtiger Partner war zunächst der an der Oper engagierte Tänzer und Ballettmeister Carl Godlewski. Später, viele Jahre hindurch, war es dann vor allem der strahlende Toni Birkmeyer, erster Solotänzer der Wiener Oper, ein Tänzer, der seine ganz individuelle Ausdrucksfähigkeit mit den Traditionen des Balletts in Einklang zu bringen wußte, wie es sonst nur den Russen gelang. Richard Strauss hat ihn als den besten Darsteller des Joseph (in der »Josephslegende«) bezeichnet. Dazu kamen einige Tänzerinnen, die in der Folgezeit als Solistinnen eigenen Ruhm ernten sollten, Tilly Losch, Riki Raab und die später durch ihre Filmkarriere berühmte Liane Haid. Eine Fülle neuer Tänze entstand nun: als Solotänze »Gschichten aus dem Wiener Wald«, nach der Musik von Johann Strauß (1918), Walzerfolgen aus Richard Strauss' »Rosenkavalier« (1918), »Aquarellenwalzer« und »Delirienwalzer« nach Josef Strauß (1919 und 1921), »Der Traum des Hirten« nach Hector Berlioz (1921), die Polka aus der »Verkauften Braut« von Smetana (1921), »Wein, Weib und Gesang« von Johann »Liebestraum« nach Dvořák (1924 und 1926), »Odem« nach einem Präludium von Bach (1924) und schließlich »Der Tod und das Mädchen« nach Schubert.
schließlich »Der Tod und das Mädchen« nach Schubert.

Kurz nach dem Krieg, 1919, eröffnete Grete Wiesenthal in Döbling, einer Vorstadt von Wien, auf der »Hohen Warte«, eine Tanzschule. Ihre besten Schülerinnen haben sie in den folgenden Jahren bei ihren Tanzabenden und Tourneen begleitet. Fritz Mendl, ein Brotfabrikant, stellte die Räumlichkeiten zur Verfügung. Seine Töchter organisierten die Kurse. Agathe Michel-Mosettig, die Tochter des mit Hofmannsthal und Grete Wiesenthal befreundeten Dichters Robert Michel, die zusammen mit ihren zwei Brüdern schon im Alter von sieben Jahren diese Schule besuchte, entsinnt sich: »Marianne, eine der älteren Mendltöchter, künstlerisch hochbegabt, bezog diese Räumlichkeiten und nahm sich der Leitung der so begründeten Grete Wiesenthal-Tanzschule enthusiastisch an. Sie suchte sich aus anderen Schulen – ja sogar aus der Tramway – gutgewachsene und hübsche Mädchen aus und begeisterte sie für den Tanzunterricht. Daraus ging dann der Elite-Kurs unter dem Namen ›Die Gelben‹ hervor, die dann ständig an den großen Tanzabenden Grete Wiesenthal – Toni Birkmeyer im In- und Ausland teilnahmen. Manche unter ihnen wurden auch zum Lehrunterricht herangezogen. Hervorzuheben sind: Trude Bürgstein, die Schwestern Gertrude und Ingela Dulnig, Pepita Höllriegl, Jelly Staffel, Lilly Spitz, Vera Weigl, Melitta Zechel. Es gab dann noch den ›Grünen Kurs‹ – von fünfzehnjährigen Mädchen aufwärts –, den ›Rosa‹, der meinige mit Kleinkindern, später noch einen ›Weissen‹. Auch gab es einen ›Herrenkurs‹ . . . Es kamen Personen aus den unterschiedlichsten Gesellschaftsschichten, um tanzen zu lernen. Sie hatten eines gemeinsam: sie liebten und verehrten Grete Wiesenthal.«

Es scheint, daß diese Schule – wie später auch Grete Wiesenthals Wohnung am Modenaplatz – vor allem auch ein Ort der Begegnungen war. Der Begegnungen nicht nur im Tanz: der Dichter Richard Billinger fand hier – und durch die von Grete Wiesenthal vermittelte Bekanntschaft mit Hofmannsthal – Inspiration und den Mut, seine Gedichte niederzuschreiben und drucken zu lassen. Billinger berichtet von einem Besuch in Hofmannsthals Rodauner Haus, bei dem er einige seiner Gedichte sprach: »Auf der Heimfahrt, in der fenstervereisten Badener

Plakat, Wien 1917

Elektrischen sitzend, starrte ich in eine dunkle Zukunft, ich wußte nicht, ob ich den schmalen Weg finden würde, der zu der Golgathahöhe des wirklichen Dichters führt. Ich haßte das geschriebene Wort, ich hütete mich, etwas, was ich in mir zum Reimen brachte, niederzuschreiben, und erst später, im Atelier der Tänzerin Grete Wiesenthal, stenographierte die Tochter Hofmannsthals, Christiane, ein paar vor der großen Tanzschöpferin gesprochene Gedichte mit.« Wie Erwin Lang sich erinnert, half Hofmannsthal gerne. »Natürlich beschloß er gleich, etwas zu unternehmen, damit der junge Dichter an der richtigen Stelle in Erscheinung trete, er dachte an den Inselverlag. Es war schon sehr schwer gewesen, Billinger zur Niederschrift seiner Gedichte zu vermögen, da er sie ursprünglich nur selbst vortragen wollte, ›sagen‹, wie er sich ausdrückte. In vielen arbeitsreichen Nächten, bei denen mich Billinger zur Controlle benützt hatte, ob er es so niedergeschrieben habe, wie ers ›gesagt‹ hatte, lag endlich eine größere Anzahl der Gedichte vor. Ich überbrachte sie Hofmannsthal, der Billinger daraufhin einlud, mit ihm die eventuelle Drucklegung beim Inselverlag zu besprechen. Billinger war der Einladung gefolgt und mußte nur ein paar Augenblicke im Rodauner Salon warten, wo ihm die Tochter des Hauses Christiane die Zeit einstweilen verkürzte. Da bat er sie, ihn seine Niederschrift der Gedichte noch rasch einmal durchschauen zu lassen. Mit einigen eiligen Blicken überflog er seine Verse – dann trat er mit einem ruhigen, großen Schritt zum Ofen und warf das Manuskript in die lodernden Flammen.« Gedichte von Richard Billinger und Lithographien von Erwin Lang wurden 1922 zu einer Mappe »Grete Wiesenthal und ihre Schule« zusammengefaßt. Eines dieser Gedichte heißt:

Grete Wiesenthal

Aus Deinem Leib steigst Du heraus
Wie aus dem Kelch der Rosenstrauss.
Dein Atem fand zum Frühling heim.
Du wurdest wieder Gottes Reim.

Ein anderes Gedicht, das Billinger einige Jahre später Grete Wiesenthal widmete, lautet:

Engelstanz

Das Wo und Weil erfährt kein Mann.
Kein Mutiger durchbricht den Bann,
wann Engel tanzen, alle eins,
sich freuend ihres Dämmerseins.

Schimmert wohl ein Taugewand?
Verlor sich wo die Funkelhand?
Voll Engeln, die kein Herz begrenzt,
die Schattentenne glänzt.

Wie es dazu kam, daß Grete Wiesenthal im Jahr 1920 die Rolle der »Gefesselten Phantasie« im Wiener Komödienhaus übernahm, darüber gibt sie selbst Auskunft: »Der Schauspieler Karl

G. W. und Schülerinnen in »Wein, Weib und Gesang«, nach Johann Strauß, 1922

Ettlinger, ein guter Freund von mir, überraschte mich mit einer Bitte, er sagte: ›Ich will Raimunds ‚Gefesselte Phantasie‘ aufführen, und das kann ich aber nur, wenn du die Rolle der Phantasie spielst.‹ Ich . . . ganz bestürzt . . . ›Aber Ettlinger, ich bin ja nur eine Tänzerin, hab’ nie sprechen gelernt und hab’ auch Max Reinhardt, der mich als Schauspielerin in einem Gerhart Hauptmann-Stück haben wollte, abgesagt, hab’s nicht angenommen.‹ Doch Ettlinger gab nicht nach mit seinen Bitten, mich zu bestürmen, bis ich auf die Idee kam, ihn selbst in eine ähnliche Lage zu bringen, indem ich sagte: ›Nun gut . . ., wenn du in meinem neuen Tanz die Rolle des Waldschratt . . . tanzt . . ., dann meinetwegen spiele ich die Gefesselte Phantasie.‹ Wie wurde ich aber enttäuscht, als Ettlinger sofort zustimmte und sagte, daß er die Rolle gern übernimmt. Was konnte ich da anderes tun, als mein ›Ja‹ zu sagen, zu seinem Wunsch, mich als Phantasie zu sehen. Und Ettlinger begann sofort mit den Tanzproben . . . Geben und Empfangen! So war es vielleicht mein Geben-wollen, dem so lieben Freund Karl Ettlinger, indem ich mich bemühte, so recht als es mir nur möglich war, diese Rolle darzustellen. Und Empfangen? Ja, in den Proben war ich allmählich freigeworden von mir selbst und so eben empfangsbereit für die köstliche Dichtung Ferdinand Raimunds. Und ich tat auch durch mein Spiel der Dichtung Raimunds nichts zuleide . . .«

Anläßlich eines Gastspiels mit ihrer Tanzgruppe im Frühjahr 1922 in Schweden, das als Dank Österreichs für die Aufnahme kriegsgeschädigter österreichischer Kinder gedacht war, lernte Grete Wiesenthal den schwedischen Arzt Nils Silfverskjöld kennen. 1923 heiratete sie ihn und zog nach Stockholm. Hofmannsthal dichtete ihr einen Abschiedsbrief – zur Veröffentlichung in einer Stockholmer Musikzeitschrift, um sie den Schweden näherzubringen. Gelegentliche Gastspiele gab es gleichwohl, in Wien und in Deutschland, und 1927, nach der Trennung von Silfverskjöld, kehrte sie nach Wien zurück. Eine neue Tanzschule wurde eröffnet, im Gebäude des Hagenbundes, mit Toni Birkmeyer wiederum. An Aufträgen und Einladungen fehlte es nicht. Bei einer Gastspielreise nach Bulgarien im Herbst 1927 wurde ihr ein begeisterter Empfang bereitet. Im folgenden Jahr ließ sie sich erneut überzeugen, eine Schauspielrolle zu übernehmen, Richard Billinger zuliebe, in dessen »Perchtenspiel« bei den Salzburger Festspielen – als Perchtin, mit kühn entblößter Brust. Und im Sommer 1929 verhalf sie in Berlin Max Reinhardts später noch an vielen Orten wiederholter »Fledermaus«-Inszenierung mit zum Triumph. »Sonderbarer Weise überraschte diese Idee mich wirklich«, teilt sie in ihrem Nachruf auf Max Reinhardt mit »weil ich meinte, ›Die Fledermaus‹ wäre so gut genug, wie sie schon immer dargestellt wurde. Reinhardt wünschte sich von mir die Einstudierung der Tänze. Ich hatte aber keine rechte Lust, wieder einmal den Ballgästen im zweiten Akt nur von gelernten Tänzern etwas vortanzen zu lassen und dadurch das lustige Geschehen zu unterbrechen. So kam ich auf die Idee, die Ballgäste selbst und vor allem die Hauptdarsteller tanzen zu lassen. Reinhardt war mit meinem Vorschlag gleich einverstanden und gab mir vollkommen freie Hand zur Durchführung desselben. In dieser Aufführung, die auch textlich und musikalisch sehr erweitert wurde und in der die Hauptdarsteller sangen und tanzten, ohne eigentlich Sänger und Tänzer zu sein, sprühte es von tausend launigen Einfällen, und sie zählte fortan zu den ganz großen Ereignissen auf der Bühne Max Reinhardts.«

Als Grete Wiesenthal 1930 ihr Ballett »Der Taugenichts in Wien« an der Staatsoper inszenierte und selbst die Hauptrolle tanzte, erlebten die Wiener den Triumph einer endgültig Heimgekehrten auf den Brettern, von denen sie ausgegangen war. Noch einzelne Tanzabende folgten, im Januar 1933 auch ein Gastspiel mit dem Ballettmeister der Wiener Oper, Willy Fränzl, am Broadway; 1934 ein einleitender Tanzabend zu den internationalen Tanzwochen in Wien; 1936 ein Vortrag und Tänze, als »Hymnus des Tanzes«, im Redoutensaal der Hofburg; im Januar 1938 schließlich das letzte öffentliche Auftreten – mit ihrem langjährigen Partner Toni Birkmeyer – im Rahmen eines Festabends in Wien. Auf Einladung Heinz Hilperts übernahm Grete Wiesenthal bei den Salzburger Festspielen 1939 die choreographische Einstudierung bei der Inszenierung der Hofmannsthal-Strauss-Bearbeitung von Molières »Bürger als Edelmann«.

Die Jahre der Naziherrschaft und des Krieges hat Grete Wiesenthal in Wien überstanden. Ihre schöne Wohnung am Modenaplatz wurde vielen eine Zuflucht, während manch anderer aus ihrem Freundeskreis ins Exil gezwungen war. In seinem Bericht über die Jahre 1939 bis 1945, »Auf fremden Straßen«, erinnert sich Franz Theodor Csokor einer Begegnung mit Grete Wiesenthal im Park des Belvedere am Vorabend seiner Emigration: »Der Garten schien beinahe menschenleer. Nur vor der letzten Sphinx an der Terrasse hob sich von einer Bank in melancholischer Gelassenheit die schlanke Silhouette einer Frau, die ich erkannte, als ich näher kam: Grete, die Tänzerin des Landes Österreich, das nicht mehr war. Sie sah mich nicht, denn ihre Augen hingen an den von Bergen eingerahmten Dächern, Türmen und Kuppeln, die langsam in die Dämmerung versanken. Plötzlich, beinahe erschreckt, nahm sie mich wahr: ›Du bist noch hier? Du solltest längst –‹ ›Ich reise morgen früh‹, gab ich zurück. ›Sei diesen Abend bei mir!‹ bat sie; ›ich lade noch ein paar liebe alte Freunde.‹ ›Zum letzten Abendmahl des Landes Österreich?‹ ›Ja‹, nickte sie, ›aber es ist kein Judas unter uns.‹

Den großen Saal, darin wir damals saßen, sah ich nach sieben Jahren unverändert wieder wie seine Herrin Grete Wiesenthal, die zeitlose Verkörperung der reinsten Anmut unserer Stadt, ihrer weichen, zur Tatenlosigkeit verleitenden Musik und ihrer süßen, in sich selbst verliebten Schwermut. Ich hätte diesen Abend nicht heiliger, nicht größer feiern können, heute weiß ich es. Damals freilich verlief der Abend traurig, sanft und schweigsam, und traurig, sanft und schweigsam war auch unser Lebewohl.«

Milan Dubrovic beschreibt die Atmosphäre in Grete Wiesenthals »Salon«: »Es war ein repräsentabler Wohnsitz, eher Residenz als Wohnung im gängigen Sinn, von dem Architekten Otto Niedermoser mit viel Gefühl auf das sensible Wesen der Hausfrau abgestimmt und eingerichtet. Mittelpunkt des weiträumigen Domizils war der angenehm proportionierte große Salon, dessen Wände mit hellgrauen, faltenreich fallenden Seidenvorhängen drapiert waren. Eine biblische Szene, von dem Maler und Freund des Hauses, Müller-Hofmann, in einem großflächigen Gemälde mit El-Greco-haft leuchtenden Farben geschildert, verlieh dem Raum einen Hauch sakraler Würde. In diesem fast bühnenhaft anmutenden Dekor bewegten sich die Gäste oder waren in einem lockeren Halbrund um den hohen Lehnstuhl der Hausfrau plaziert.«

Viele, die Grete Wiesenthals warme Gastfreundschaft während der schweren Zeit und bis zu ihrem Tod im Jahre 1970 genossen haben, ihre Kunst, die richtigen Menschen um sich zu ver-

G. W. mit Carl Zuckmayer

sammeln und miteinander zu verbinden, berichten voller Begeisterung und Freude davon im
Gespräch, auf diese Weise eine Spur von der Aura überliefernd. Viele, die nicht mehr leben,
haben in Erinnerungen, in Widmungen, in Briefen, in Gedichten davon Zeugnis abgelegt.
Gäbe es ein Gästebuch, es würde unzählige illustre Namen versammeln. Aber wie bei ihrer
Kunst war es Grete Wiesenthal nicht um Ruhm zu tun, nicht um die Nachwelt, sondern um
den Augenblick, um menschliche Wärme, um das Glück des Moments. Merkwürdig müssen
solche Momente manches Mal gewesen sein: wenn ein japanischer Tänzer der Tänzerin in der
Rolle und den Kostümen eines Mädchens die verschiedenen Arten von Liebe und Zuneigung
vortanzte, oder wenn Max Graf Thun-Hohenstein, ein befreundeter Arzt, der es sich zur Aufgabe gemacht hatte, die Bewegungen der Tiere zu studieren, auf allen Vieren halbnackt seine
Idee von der allmählichen Entwicklung des Menschen aus tierischer Substanz bis hin zum auf-
rechten Gang demonstrierte. Augenzeugen berichten, daß die Tänzerin entzückt war – in
Grenzen allerdings. Der Aufforderung des Grafen, ihn in seinen Sprüngen und Konvulsionen
zu begleiten, folgte sie nicht . . . (Er starb am Biß eines seiner Affen.) Immer war die Tänzerin
von Dichtern umgeben, in späteren Jahren waren es zum Beispiel Felix Braun, Erika Mitterer,
die Freundin Rilkes, der junge Michael Guttenbrunner und Friedrich Heer. Sie fanden in ihr
eine dankbare Partnerin, die die Kunst des Zuhörens zu pflegen wußte wie wenige sonst. Eine
besonders nahe Freundschaft verband Grete Wiesenthal mit Carl Zuckmayer; in gewissem
Sinne nahm der so ganz anders Geartete die Stelle des schon 1929 im Alter von nur fünfund-
fünfzig Jahren verstorbenen Hofmannsthal ein. In einem Brief, den sie 1925 an Hugo von Hofmannsthal schrieb, äußert sie sich begeistert über den schwedischen Vaganten, Dichter und
Sänger Carl Michael Bellman. Zuckmayer hat diesen Hinweis, der später wohl auch an ihn

ging, aufgegriffen. Sein (1938 dann in Zürich uraufgeführtes) Stück »Bellman« entstand offensichtlich im Dialog mit Grete Wiesenthal. Vielfältig wurden Freundschaften so am Leben erhalten, Anfänge überliefert. »Dieser Tage blätterte ich in Rochowanskis Almanach die Seiten auf, in denen die Hofmannsthal-Briefe stehen und mein Holzschnitt mich von Dir grüßt«, schrieb 1947 Erwin Lang an Grete Wiesenthal. »Ich war an die schöne Zeit mit Hugo und Dir erinnert und den Anfang unserer Bestrebungen. Es erschien mir wunderbar, daß der geistige Raum, in dem wir uns einstmals begegnet sind, uns noch immer einschließt. Wie wunderbar, daß unsere Begegnung immer noch auf die Welt ein Leuchten vom schönen Ideenerfüllten ausstrahlt nach so vielen Jahren. So grüßt mich aus dem Holzschnitt etwas Unvergängliches, das erlebt wurde und gedeutet. Die Flügel, die uns damals gewachsen sind, haben uns auch weiter getragen über Herrlichkeiten und Abgründe. Lächle nicht, als ob ich Dir nur eine Liebeserklärung mehr gemacht hätte, in der tiefen mönchischen Einsamkeit, in der ich jetzt lebe, werden die Erinnerungen oft deutlich und die Lebensadern sichtbarer.«

Eine gewisse Renaissance ihrer Kunst erlebte Grete Wiesenthal nach dem Krieg. Schon unmittelbar nach dem Friedensschluß trat ihre aus der Meisterklasse der Akademie hervorgegangene Tanzgruppe wieder in Erscheinung, in Wien und in auswärtigen Gastspielen, die sie bis nach Nord- und Südamerika führten. 1946 gab es an der Wiener Volksoper eine Wiederaufführung des »Taugenichts« unter ihrer Leitung. Oskar Maurus Fontana schrieb aus diesem Anlaß: »Eine originelle Photomontage ließ sie einmal über den Dächern von Wien tanzen. Das ist mehr als ein witziger Einfall, das ist schon ein Sinnbild für sie, für dieses Hymnische in ihr, für dieses ihr Erleben, denn nichts an ihr ist Ende und Müdigkeit, sondern alles stets Gegenwart und immer Neubeginnen. Tanzend über den Dächern der Stadt wird sie fast etwas wie ein Genius ihrer Heimat Wien. Sie ist nicht irgendein Wien, weder das Raimunds und Schwinds noch das der Walzer noch das Klimts noch das der waldumsäumten Vorstädte noch das einer holden Romantik noch das einer adligen Verträumtheit und Abseitigkeit – sondern sie ist das alles zusammen in einer verklärten Einmaligkeit, aber auch inmitten unserer Zeitwende wie eine voranleuchtende Mahnung und Erinnerung: Verliert nicht dieses beste, dieses seelenhafte Wien, das ewig ist, weil es ein Traum, eine Utopie, eine Zauberinsel ist, gebt es nicht preis stumpfer Müdigkeit und fratzenhaft Gemeinem, seht, ich tanze euch voran.«

Ebenfalls 1946 berät sie als Choreographin Hermann Thimigs die von Max Reinhardt inspirierte Inszenierung von Goldonis »Diener zweier Herren«; und ab 1952 verantwortet sie acht Jahre hindurch die rhythmische Gestaltung des Salzburger »Jedermann«, 1953 die choreographischen Aspekte von Oscar Fritz Schuhs Inszenierung von »Così fan tutte«, ebenfalls bei den Salzburger Festspielen.

Man hat gelegentlich vom Grete Wiesenthal-Stil gesprochen und damit eine lehrbare, tradierbare Form des Tanzes gemeint. Tatsächlich war Grete Wiesenthal ja lange als Lehrerin tätig, seit 1934 mit einer Meisterklasse an der Wiener Staatlichen Hochschule für Musik und Darstellende Kunst, von 1945 bis 1952 als Leiterin der Sektion Tanzkunst. Aber angesichts neuerer Versuche, Grete Wiesenthals »Stil« wiederzubeleben, kommen einem doch Zweifel. Nicht um die Erarbeitung eines Systems und nicht um die Nachahmung ihrer eigenen individuellen Kunst war es Grete Wiesenthal ja zu tun, sondern darum, ihren Schülern dazu zu verhelfen, jeweils zu ihrer eigenen Persönlichkeit zu finden, jeder auf seine Weise – so wie ihr das für sich selbst gelungen war. Sicher – einiges konnte sie vormachen, zeigen, aber letztlich sollten das, konnten das nur Anregungen zur Selbstfindung sein.

Nicht weniger problematisch sind Versuche, Grete Wiesenthal in die Entwicklung des Tanzes einzuordnen: ganz große Künstler lassen sich nicht einordnen. Sie hat die Schule des klassischen Balletts mit ihren festgeschriebenen und sich verfestigenden Konventionen von Technik und Form durchlaufen, hat sie beherrscht. Aber das genügte ihr nicht. Sie mußte sich und die Tanzkunst befreien, die Basis des Erlernten verlassen und neue, ihre eigenen, ganz individuellen Formen schaffen. In dieser Entwicklung, nicht jedoch im Ergebnis, ähnelt sie durchaus anderen bedeutenden Tänzern ihrer Zeit. Immer häufiger begannen nach der Jahrhundertwende Individuen sich vom Schema zu lösen. Aber während Isadora Duncan oder Ruth St. Denis dazu erneut eines Vor-Bildes bedurften – der Haltungen, die sie in Skulpturen und Bildern der griechischen Antike gefunden hatte, die eine, des exotischen Reizes indischer und ägyptischer Tempeltänze die andere –, gelang es Grete Wiesenthal, sich von solchen einzelnen Vorbildern und von der Gefahr jeglicher Verfestigung freizuhalten. Diese Gefahr lag auch da beispielsweise nahe, wo der Ausdruck der Person zum »Ausdruckstanz« systematisiert wurde, bei einer Tänzerin wie Mary Wigman vielleicht. Grete Wiesenthal meinte von solchen Tänzern, daß ihnen »das Zaubermittel der Verwandlung« fehlte. »So kommen wir vielleicht dazu, zu verstehen, daß die Prägung ›Ausdruckstanz‹ einer vergangenen Zeit angehört. Die Nebel der Problematik und des reinen Expressionismus haben sich gelöst, und das Gute jener Zeit ist wieder frei geworden, um sich lebendig weiterwirkend zu bewähren. Wir dürfen hoffen, daß sich jetzt wirklich im Bewußtsein der Tänzer wie der Zuschauer die Erkenntnis des reinen Wesens des Tänzerischen verankert, dessen letztes Geheimnis vielleicht ist, daß der menschliche Körper, dieser arme, profane Körper, der in einem Menschenleben allen Stadien des Zerfalls unterworfen ist, bis er zu Staub wird, daß gerade er schon hier in seiner Erdenform im Tanz die leuchtende Verwandlung über das Irdische hinaus uns ahnen läßt.« Eine solche Auffassung bedingt eine höchste Steigerung des Individuellen – und hierin mag Grete Wiesenthal sich wiederum von den genialen russischen Tänzern ihrer Zeit unterscheiden. So bedeutend und individuell auch die Leistungen Nijinskis, Fokines, der Pawlowa, der Karsawina sind, so sind sie doch im Zusammenhang des Formenwandels innerhalb des russischen Balletts zu sehen. Primi inter pares zwar in einer allgemeinen Entwicklung des Stils, aber doch Teile dieses Stils, Teile eines Ensembles von Tänzern. Grete Wiesenthal ist offensichtlich immer eine Solistin außerhalb eines Ensembles geblieben, auch da, wo sie bereit war, sich einem Ensemble einzufügen – beseelte Person, und auf der Bühne fast einsam. Es scheint, daß ihr Ensemble nicht so sehr die andern Tänzer oder Schauspieler waren, sondern die Musik und die Bilder und vielleicht in erster Linie: ihr Publikum.

»Gretl Wiesenthal, Winterschmetterling, unsterbliche Tänzerin, Kristallflocke über dem Neusiedler See!« – so grüßt Reinhold Schneider sie in seinem Buch »Winter in Wien«. An Schmetterlingen hatte sie Freude. Wer weiß – vielleicht sieht einer den Blumenstrauß, den wir der Tänzerin hier sammeln, eines Tags, und zieht Kräfte aus seinen Blüten und Schönheit zum eigenen Flug.

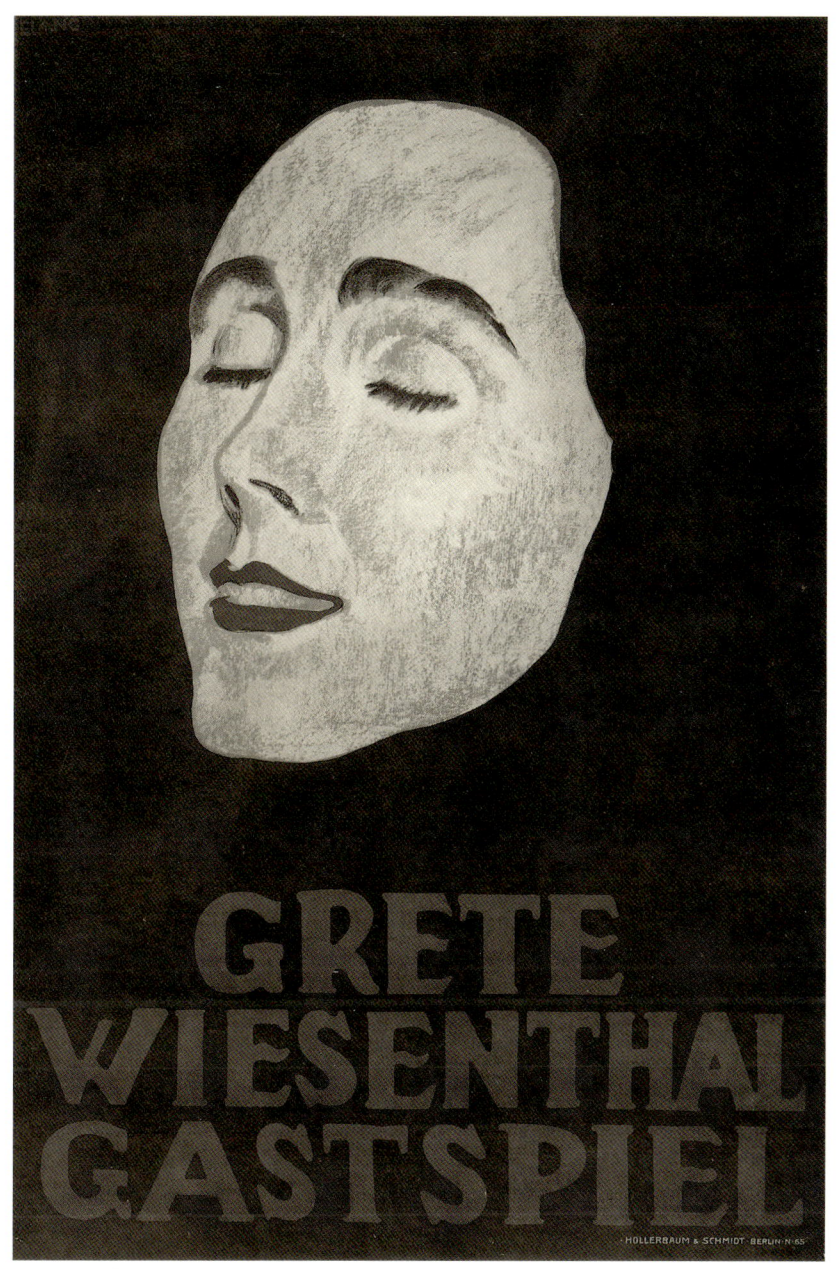

Plakat von Erwin Lang, 1911

G. W., um 1907

GRETE WIESENTHAL: UNSERE TÄNZE

Der ehrenvolle Antrag wurde mir gemacht, ich möge etwas über unser Tanzen erzählen. Da sitz' ich nun hier in London, sehr geehrt und ein wenig bedrückt und muß an eine ehemalige Kollegin denken, die mich einmal, als sie einen Liebesbrief schrieb, um einen »schönen Schluß« bat. Wenn man nun bedenkt, wie kinderleicht und angenehm doch ein Liebesbrief im Vergleich dazu ist, einen »Aufsatz« über Tanz schreiben zu sollen, so kann man es mir nicht übel nehmen, wenn auch ich gern jemand hätte, den ich um einen »schönen Anfang« bitten könnte. Erzählen kann man ja so viel und ganz lustig – aber man denkt und denkt und immer fällt einem etwas anderes ein, als man eigentlich schreiben soll. Jetzt ist's Abend; da beginnen in London die Theater; es gibt so viele Theater in London, wie Sterne am Himmel, man kann sie gar nicht zählen – und fast in jedem Theater wird getanzt, alle Tänze, die es gibt: Ballett-, Nigger-, Apachen- und Salometänze. Sogar der darstellende Sänger muß hier tanzen, singen allein genügt nicht, und ich glaube, es muß einmal so eine Art Rattenfänger von Hameln hier gewesen sein und die Londoner in diese Tanzwut versetzt haben. Die Mäuse freilich scheint er leider alle in unserer Garderobe vergessen zu haben, und auch sie führen ihre Tänze auf und springen lustig über unsere Puderquasten hinweg. Und an unserer Wiege muß eine ganz tanznärrische Fee gesungen haben – denn schon im dritten Jahr ließ es uns keine Ruhe, und wir konnten schon flott Walzer tanzen, so daß die Bauern auf dem Lande nur so staunten. Aber mit fünf Jahren, da hatte ich schon meine erste Liebe hinter mir, und das Leben rauschte weiter; bald war unser höchstes Ideal, eine Damenkapelle gleich denen im Prater zu bilden, aber als wir dann das erste Ballett sahen, da war's um uns geschehen, und von da an gab's nichts Höheres mehr für uns, bis unsere Eltern sich endlich entschlossen, es zu versuchen – und so kamen wir in das Wiener Hofopernballett. Es war eine wundervolle Welt, in die wir hinein kamen, aber man mußte sich früh gewöhnen zu entsagen; es war so bitter, daß wir Kinder, wenn im Probesaal die Tänzerinnen so herrlich tanzten, in unsere »Studierhoserln« schlüpfen und in einen anderen Saal »studieren« gehen, das heißt, tanzen lernen mußten. Und da war keine Spur mehr von wirklichem Tanz. Eine leider ganz untänzerische Lehrerin, mit strengem Gesicht, das nie lobend oder anfeuernd lächelte, gab den Takt vereint mit dem Violinspieler, der die günstige Gelegenheit zu einem Vormittagsschläfchen so gründlich als möglich ausnützte. So ging's die ganze Woche, und nur am Samstag machten wir eine magere Übung mit, die ein bißchen nach Tanzen schmeckte. Es war so öde, aber es ging weiter; einen einzigen Trost gab's, man konnte bald auf den Fußspitzen gehen und von da an ging keine von uns mehr auf dem ganzen Fuß, das war zu wenig schwer. Oder gar die Abende, an denen man schon auf der Bühne ein Stockerl tragen durfte, auf das sich dann eine Tänzerin stellte – das war doch wieder erhebend. Und bald tanzte man schon richtig mit; als Engerl, Mohr, Katze oder Münze verkleidet, nicht immer gerade angenehm. Zum Unterschiede vom vormittäglichen Ballettstudium dachten wir zu Hause nachmittags im Garten gar nicht mehr an alle Balletterlebnisse. Da waren wir einfach leidenschaftlich spielende, ganz verspielte Kinder, und es war wundervoll – nur unangenehm unterbrochen, wenn Mama sich einbildete, wir müßten stricken und plötzlich mit einem langen blöden Strumpf vor uns stand; aber wir konnten es wenigstens so geläufig, daß wir uns dabei unsere Träume und Wünsche mitteilen konnten oder uns die Verwirklichung unserer höchsten Sehnsucht vorstellten – nämlich ein Klavier zu haben. Bisher konnten wir nur Phantasiemusik machen, auf Sesseln und Stöcken, und wir konnten viele Lieder singen, ich immer zu jedem die zweite Stimme; und ich sehe uns ganz genau, wie wir sechs Kinder an den Sommerabenden im Garten alle im Gänsemarsch eines hinter dem anderen singend um alle Bäume gingen. Und sonst war alles still, aber wir sangen und waren glücklich und feierlich. Endlich, an einem Ostertag kam das Klavier. Von da begann unsere musikalische Bildung; alles lernte spielen, ich selber autodidaktisch, weil wir keinen Lehrer haben konnten, keine Minute im Tag war das Klavier unberührt, und wir waren sehr glückliche heranwachsende junge Menschen, weil wir so viel Musik hatten.

Unser Musikverständnis wurde immer feiner und tiefer, und ich glaube, die Musik war es, wodurch in uns die erste Ahnung von einem anderen Tanzen kam, als das, woran wir bis jetzt so eifrig studierten. Es gab manche schöne Ballettmusik, die uns entzückte; aber was man zu dieser von uns so geliebten Musik tanzte, hatte nichts wirklich mit ihr zu tun. Wenn der Tanz nur richtig mit dem Takt übereinstimmte – aber von einem Zusammenwachsen der Musik und Bewegung war keine Spur. Das erkannten wir und dachten und sprachen darüber, aber diese Ideen waren noch jung und unsicher – wir konnten ihnen noch keinen Ausdruck geben. Aber unsere Wünsche nach einem anderen Tanzen, einem wahrhafteren Tanzen wurden immer fester und bestimmter, und zugleich lernten wir an den Ballettänzen, wie man es nicht machen soll. Als dann in der Oper »Chopins Tänze« aufgeführt wurden, wurde in uns alles aufgewühlt, und stumm und erbittert mußten wir zuschauen, wie man dort Chopin tanzte. Und zugleich reifte in uns der Entschluß zu unserem ersten Versuch und wir tanzten den Des-Dur-Walzer von Chopin. Auf diesen ersten Versuch kam eine merkwürdige beglückende und auch harte Zeit. Es war wie ein immerwährendes Zittern in uns; ein geliebtes Musikstück nach dem anderen mußten wir tanzen: den Donauwalzer, ein Allegretto von Beethoven und die Lannerwalzer. Es brach aus uns hervor – jeder Tanz wurde wie ein Kind geboren, in Ekstase und dabei doch auch zweifelnd und staunend. Merkwürdig und doch ganz natürlich war es, daß bei den ersten Tanzversuchen unsere Bewegungen, die der freie Ausdruck unseres Empfindens waren, etwas übertrieben Keusches, fast Unfreies hatten im Gegensatz zu den Ballettänzen, bei denen es hauptsächlich auf die rein technische Ausbildung der Beinbewegungen ankommt, die dann manchmal fast an das Unästhetische grenzen. Meine Schwester und ich waren in der Zeit, da wir uns vom Ballett fortentwickelten, überempfindlich geworden. Ohne daß wir uns dessen bewußt waren, kamen bei unseren ersten Versuchen die Beine eigentlich nie in eine heftige Gegenbewegung; unsere Körper waren immer geschlossen wie eine Säule und nur die Arme bewegten sich frei – in ihnen lag all unsere leidenschaftliche Empfindung. Über diese Entwicklungsstufe der Unfreiheit mußten wir hinaus, bevor wir wirklich etwas Ganzes und Eigenes schaffen konnten; und heute lächeln wir darüber.

Ich bin oft gefragt worden, was bei unseren Tänzen das Primäre sei: die Musik oder die Bewegung, in welcher Art wir unsere Tänze aus der Musik empfangen und ob die Musik in uns den Tanz auslöst oder ob wir zu einem bestimmten Tanzeinfall erst die rechte Musik suchen. Man ist sich ja dieser Dinge nie ganz bewußt; aber soweit es mir klar ist, muß ich die Frage mit

»Beides« beantworten. Wenn mir eine Musik starken Eindruck macht, so daß ich sie tanzen will, so ist das nicht gerade ein bloßer Zufall – denn schön finden kann man ja manche Musik, ohne sie aber gleich tanzen zu müssen – sondern mein Wesen ist gerade empfänglich für diese besondere Musik, gerade diese Musik fällt mit meinem momentanen Lebensempfinden und Erkennen in eins zusammen – und dann tanze ich diese Musik. Aber ich kann keine Musik tanzen, wenn ich sie auch wundervoll finde, aber doch nicht von ihr so empfindlich berührt werde, daß ich sie erlebe und tanzen muß. So wird eben mein Tanz ein absolutes Zusammenwachsen von Musik und Bewegung. Aber manchmal ist es unser Wille, daß die Musik nur die Begleitung des Tanzens sei, daß nämlich der Tanz Hauptsache bleibt, weil zuerst ein bestimmter Bewegungs- und Ausdruckseinfall da ist – so wie es mein Wunsch mit dem Tanz »Der Wind« war, zu dem Franz Schreker die Musik nach meinen Angaben machte. Sicherlich keine leichte Aufgabe für einen selbständigen Musiker, und darum kam das, was ich wünschte, auch nicht ganz heraus, denn die Musik war mir immer noch zu sehr illustrierend. Und unser Ideal ist eben ein Musiker, der sich unseren Ideen ganz und doch wieder eigenartig selbständig anpaßt und so seine Musik für uns komponiert. Im »Geburtstag der Infantin« von Franz Schreker ist die Musik zu den Tänzen des Zwergs die Erfüllung all dessen, was ich mir nur wünschen konnte. Ich wäre froh, wenn er jemals wieder so ganz vollkommen meine Absichten in Musik umsetzen könnte, und hoffe es.

Ob die Tänze einzeln, zu zweit oder zu dritt ausgeführt werden, wie die Tänze entstehen, wenn wir zusammen arbeiten – das sind Dinge, die schwer festzustellen sind, weil sie vom bloßen Gefühl entschieden werden. Allein tanzt man entweder, weil die Idee des Tanzes oder die Stimmung der Musik es einzig verträgt, von einem allein ausgedrückt zu werden. Hauptsächlich aber: das mir Wichtigste, Heiligste kann nur ich allein ausdrücken – und so ist es wahrscheinlich auch bei meiner Schwester Elsa. Und ob wir zu zweit, dritt, oder in größeren Gruppen tanzen wollen, das spüren wir ebenso entweder aus der Musik heraus oder es wird von der Idee des Tanzes bestimmt. Zumeist liegt es für uns direkt in der Musik. Es wäre uns z. B. nicht möglich, Chopins Des-Dur-Walzer anders als zu zweit oder die Lanner-Walzer anders als zu dritt zu tanzen, ohne daß wir das Warum »erklären« könnten.

Die Wahl der Kostüme bestimmt natürlich zuerst wieder unser eigenes Gefühl; es entspringt zunächst aus unserem Bedürfnis und aus dem Charakter der Musik, ob es kurz, lang, starr, ganz leicht, stark in der Farbe oder ganz wenig hervortretend sein soll. Dies alles besprechen wir mit Malern, die, ganz unseren Grundwünschen sich anpassend und durch ihren Geschmack und ihre Phantasie unseren Eindruck der Erscheinung verstärkend und mithelfend, dann das Kostüm entwerfen. Seltsam ist es vielleicht, daß wir kaum je von Werken der bildenden Kunst angeregt wurden. Wir studieren nie nach Bildern und Posen – alles Schöne und Starke, das uns ergreift, kommt aus uns ganz frei und lebendig, ohne Posenstellerei wieder heraus. So wird es dann eine einheitliche Schöpfung. Aber über all diese Fragen ist es schwer zu sprechen: es ist zu viel Unbewußtes dabei. Und vor allem – wenn ich all das mit Worten ausdrücken könnte, so wäre unser Tanzen überflüssig.

G. W. auf dem Gartenfest in Hietzing, 1907

HUGO VON HOFMANNSTHAL AN GRETE WIESENTHAL

Rodaun, Badgasse 5.   7. XI. 07

Verehrtes Fräulein

es hat mir gestern gleich so sehr leid gethan und heut gehts mir den ganzen Tag im Kopf herum, daß ich Ihnen gleich als erstes (als das erste Wort eines Ihnen ganz fremden Menschen – während Sie mir doch nicht mehr ganz fremd waren, eben durch das Tanzen) etwas Hartes und Unfreundliches gesagt habe und dann in aller Hetz und Eile fortgelaufen bin, so daß Ihnen sicher ein häßlicher und verletzender Eindruck geblieben ist. Ich möchte Sie bitten, mir nicht bös zu sein – und möchte versuchen, es zu erklären.

Sehen Sie, ich hab das Gefühl gehabt, daß Sie mich nicht eingeladen haben wie man Leute in einen Salon einladet, damit sie nichts verstehen und dann sagen: »es war sehr schön«, sondern ich hab mir gedacht, Sie und Ihr Fräulein Schwester haben vielleicht zufällig gehört, daß ich die schöne Kunst, der Sie sich gewidmet haben, sehr liebe und sehr ernst nehme, so furchtbar ernst wie man eben eine so unerbittliche Sache wie Kunst, nehmen muß. Und ich habe gleich (wie ich gefühlt habe, wie schön ernst Sie beide selber alles das nehmen) das gefühlt, was mich in Gegenwart von wirklich arbeitenden Menschen immer überkommt, ob das die Duse ist oder die St. Denis oder der Rodin oder wer immer: ein Gefühl seltsamer Aufgeregtheit und Rührung (dumme Ausdrücke, aber Sie verstehen vielleicht, was ich meine) ein Gefühl von Dankbarkeit zugleich und auch ein Gefühl von Mitverantwortlichkeit, von Helfen-wollen – ein brüderliches Gefühl, wenn Sie das komische Wort entschuldigen – denn wirklich, liebes Fräulein, sind wir Menschen, die etwas »Schönes« machen wollen – denn nicht furchtbar vereinsamt in der Welt und schließlich nur auf einander angewiesen? – und dann hab ich mir im Kopf alles sehr schnell zurechtgelegt: Ihre Situation, den schweren Anfang aller Dinge, das bevorstehende Auftreten in Berlin, die Gefahren, die Chancen – und so hab ich mich sehr *nahe*, sehr betheiligt gefühlt (unschicklicher Weise – aber der Herr Huber wird vielleicht davon den besseren Eindruck gehabt haben, weil ich mit ihm ziemlich viel geredet habe) und so ist dieser häßliche und unpassende Ton entstanden und war doch vielleicht das Resultat von etwas sehr gut gemeintem.

Dieser lange Brief ärgert mich jetzt auch wieder ein bißl – wollen Sie mir ein paar Worte schreiben – wenn es Sie keine große Überwindung kostet? Aber so vieles hätte ich noch gestern gerne gesprochen, wozu leider keine Zeit war (denn ich kenn Berlin gut, besser als ich Wien kenne –) – wollen Sie – das wäre die netteste Art mir zu zeigen daß Sie nicht bös sind – einmal in den nächsten Tagen mit Ihrem Fräulein Schwester (und so vielen kleinen Schwestern als Lust haben) zu uns jausnen kommen, mit der Dampftramway? z. B. Dienstag? oder auch einen andern Tag. Ja? Dürfen wir Sie erwarten? Es wäre so nett, es würde uns eine sehr große Freude machen. Bitte antworten Sie mit 2 Zeilen und hoffentlich ja.

Ihr sehr ergebener
Hofmannsthal

Die Schwestern Wiesenthal, »Lanner-Schubert-Walzer«, 1908

Grete und Elsa Wiesenthal, »Chopin-Walzer«, 1908

68

PETER ALTENBERG: DIE SCHWESTERN WIESENTHAL, TÄNZERINNEN

Jeder Mensch bewegt sich nach dem Grade seiner *inneren Kultur!* Zeige mir wie du gehst, stehst, sitzest, und ich werde dir sagen, wer, und was du bist! Gerade Beine sind die Erzeuger von *geraden* Gedanken, Beweglichkeit der Gelenke erzeugen *geistige Beweglichkeit,* Elastizität: Der »*innere Mensch*« erzeuge den *tadellosen* äußeren Menschen! Gutmütigkeit, Sanftmut, Menschenfreundlichkeit werden einst das Antlitz modellieren, das Auge, die Stirne, den Mund! Man kann nicht frech-dumm sein und zugleich *adelige* Handbewegungen haben! Man kann nicht edel-herrlich schreiten und ein feiger Kriecher sein, ein »Hausierer mit seinem eigenen Leben«. Bewegung war bisher *wertloser Mechanismus;* nun beginnt es die äußerliche Äußerung des *Allerinnersten* des Menschen zu sein! Der Kopf des hochsinnigen Menschen ruht wie auf Halsscharnieren, jeder Emotion folgend, nachdenklich, frei, stolz, melancholisch, ungebunden, kindlich; der zarte Rücken will sich nach rückwärts biegen wie schlanke Stengel im Abendhauche; die Arme können flehen, drohen, müde sinken, erwartungsvoll harren, verzweifelt, kraftlos werden! Die Hände und Finger sprechen, klagen, seufzen, tändeln, zeigen Sehnen, Hoffen, Ergebung ins Unvermeidliche! Das traurige Herz, das heitere, das unnahbare, das zerfahrene, das brechende, das sich emporringende Herz durchbricht die Hüllen, zeigt sich nach außen in Bewegung! Früher war die mechanische Fratze, das eingelernte Grinsen; heute ist der Beethoven-Blick und das Lächeln eines Wiegenkindes! Der Hampelmann, die Puppe, ersetzt durch Geist und Seele! Was vom Sinnlichen bleibt und ewig bleiben wird ist das vom Schicksale der edlen jungen Tänzerin mitgegebene Grundgebäude, das *lebendige Kunstwerk* ihres wohlgegliederten vollkommenen Leibes an und für sich: Hier mögen die Sinne ihre künstlerische Nahrung finden! Allen diesen Gesetzen der Entwicklung der Tanzkunst von heute entsprechen in allerhöchstem Maße die Schwestern Wiesenthal, Elsa, Grete und Berta, die gestern vor geladenem Publikum im Kabarett »Fledermaus« von 5 bis 7 Uhr tanzten! Der Blick der Augen der Tänzerin Elsa würde genügen, über diese Tänzerin enthusiastisch zu werden! Dann das Beethoven-Antlitz der Tänzerin Grete, deren ernste Tiefen glaubwürdiger sind als ihr Lächeln! Eine vollkommenere Schönheit als Elsa gibt es überhaupt nicht unter den Tänzerinnen und keine apartere als Grete. Berta hat die süße Jugend für sich und ebenfalls ein hold-bedeutsames Antlitz. Die Körper folgen der Musik wie die Leute einst dem Rattenfänger von Hameln! Die Musik leitet, zwingt, dreht, wendet, drückt zu Boden und erhebt; die alleredelsten Leiber folgen und folgen der Macht der Töne ohne Unterlaß, von selbst. Und die herrlichen romantischen Kleider, die Hüllen, die enthüllen, die Blumenkränze, die grausilbernen Reifrockkleider, das krebsrote Seidenhemd mit grünen Bändern, alles, alles höchst apart und wunderbar! Kinder tanzen auf Wiesen, traurige Verlassene schleichen über den Boden hin, Stolze schreiten, Liebliche wiegen sich auf und nieder! Schicksale, in Bewegung umgewandelt! Eine der fünf Schwestern, wie der junge Franz Liszt aussehend, sitzt am Klavier und begleitet diskret oder vielmehr löst durch Töne die Bewegungen der Schwestern aus! Ganz besonders gefiel mir: Chopin, Walzer Des-Dur, Grete, Elsa Wiesenthal. Schumann, Aus dem Karneval, Elsa Wiesenthal. Beethoven, Allegrotto, Sonate F-Dur, Grete Wiesenthal. Lanner-Schubert, Grete, Elsa, Berta Wiesenthal. Für mich wunderbare unvergeßliche zwei Stunden!

»Die Tänzerin und die Marionette«, Großes Gartenfest in Hietzing, 1907

70

OSKAR KOKOSCHKA AN ERWIN LANG

[März 1908]

Lieber Lang

Ich möchte heulen, dass die Wiesenthal wegfährt. Es ist unangenehm einen puperben Knaben zu kennen mit unverdauten Tragödien, aber heute nach dem Essen hab ich plötzlich gesehen, dass ich selber so einer bin. Intellektuell schon ein alter Mann und im Sensorischen noch so kindisch (dazwischen?) hutsche ich mich. Die Wiesenthal hat in jedem Tanz fünf sechs Momente die ich immer fast mit dem ganzen Körper erwartet habe ich glaube sie soll sich von dem bewussten Ausdrückenwollen des Stofflichen enthalten es wird dann so wie die Strauss Programmusik und immer mehr diese Tanzornamente suchen wie im weisen Beethofen das dumpfe Schleichen, was mir wie von einem stummen Tier vorkommt oder das Auseinanderfalten der Glieder im Donauwalzer das der Finger oder das Zittern der Schenkel wenn sie horcht oder im Beethofen der furchtbare Verdrusse mit dem gebogenen Körper, das Dämpfen eines Tones mit lieber Hand usw. Diese Stellen wirken auf mich mit einer dunklen Wärme die von der furchtbaren Reaktionsfähigkeit meiner Empfindlichkeit kommt. Ich hab meine ganze Innigkeit immer auf solche Dinge richten dürfen, die nicht antworten konnten und mein Gleichgewicht wieder hergestellt hätte. Meine Mutter hatte in meiner ersten Kindheit durch einen grässlichen Zufall neben mir geboren, das Blut hatte mich ohnmächtig gemacht, seitdem kann ich mit Menschen nicht recht verkehren. Meine Eltern werde ich seitdem erschlagen oder mich loskaufen. Da hat sich die ganzen Jahre meine Innigkeit angesammelt und jetzt muss ich damit wie ein Nagetier herumschleichen mit einer Inzucht. Wenn ich meine Fühler ausstrecken möchte, kommt der alte Mann in mir und tuscht mit der Bissigkeit darauf. Wenn ich Dir mein Knabenträumebuch schick, musst du furchtbar achtgeben, es zu lieben, denn ich bin wie ein Buckliger für die ganz kleinen Lieblosigkeiten empfindlich, ich werde dich überall zerfetzen. Wenn es möglich ist, gib mir einmal einen Kopf, den du von der Wiesenthal gezeichnet hast. Kannst du in 3 Jahren mit mir nach Java, Persien und Norwegen gehen.

Schreibe einmal OK

MAX OSBORN: GRETE WIESENTHAL

Was Isadora Duncan, noch halb ungeschickt, wenn man will sogar dilettantisch, sofern man dieses Wort seinem noblen Ursprungssinn gemäß als Kennzeichnung leidenschaftlicher Kunstliebe nimmt, angebahnt hatte – denn dieser Ruhm bleibt ihr –, erwies sich als eine ungeheure Anregung. Überall regte es sich. Mit Staunen erkannte man, welche Möglichkeiten, völlig mißachtet, hier verborgen waren. Hinzu kam als antreibende Kraft die erwachende Sportbewegung, die sich jetzt erst als eine Weltmacht zeigte und dem Körper eine ganz andere Stellung und Bedeutung in Menschenbezirk anwies.

Eines Abends, es war inzwischen 1908 geworden, wurde ich von Max Reinhardt zu einer seiner kleinen Zusammenkünfte geladen. Er war damals gerade, immer ein unermüdlicher

Regisseur auch seiner eigenen Lebensführung, in die Villa Wesendonck übersiedelt, das schöne Tiergartenhaus Ecke der Zelten und des Königsplatzes. Das Gebäude hatte der bekannten rheinischen Patrizierfamilie gehört, mit der einst, damals in der Schweiz, Richard Wagner in enger Freundschaft verbunden war – ich habe dort, der Krolloper gegenüber, nicht nur häufig die »Galerie Wesendonck« besucht, eine der vornehmsten Berliner Privatsammlungen, sondern einmal auch noch der zur Greisin gewordenen Frau Mathilde, dem Urbild der Isolde, die in grauem Seidenkleid, mit weißen Locken über den Ohren, in einem Lehnstuhl saß, ehrfürchtig die Hand küssen dürfen. Diese Villa, herrenlos geworden, war nun der Sitz des jungen Theaterzauberers. Im ersten Stock war die Privatwohnung, im Erdgeschoß seine eben erst begründete Theaterschule, mit einer kleinen Probierbühne im großen Eßsaal der Wesendoncks. Zunächst traf man sich oben, im Kreis von nur wenigen Personen. Es sollte eine besondere Überraschung geben; das war man hier gewöhnt.

Da erschien sie schon in der Tür, die Überraschung. Hugo von Hofmannsthal nämlich trat herein, der aus Wien drei junge Mädchen mitgebracht hatte, von denen in Berlin niemand den Namen kannte, die gewiß auch selbst zum ersten Mal einen Schritt in die weite Welt getan hatten, wie ihr gespannter Blick anzeigte. Die Schwestern Wiesenthal, so wurden sie vorgestellt, Elsa, Grete und Bertha, Töchter eines Wiener Malers. Sie hatten früh, wie wir hörten, die Freude ihrer österreichischen Landsleute am wiegenden Rhythmus des Tanzes gespürt, hatten dann im Atelier des Vaters den Gästen mitunter etwas von ihrer Lust gegönnt, andere Maler hatten sie gebeten, sich auch einmal bei ihnen zu zeigen, ihr Ruf verbreitete sich, das Künstlerkabarett »Fledermaus« hatte sie schließlich in eine immer noch sehr begrenzte Öffentlichkeit gezogen. Nun sollte ein entscheidender Schritt ins Freie unternommen werden. Hofmannsthal, von der bezaubernden Trias hingerissen, führte sie an die Spree.

Aber auch wir Berliner fingen sofort Feuer. Die reizenden Mädel in ihrer natürlichen Befangenheit mußten jeden entzücken. Sie sahen sich ähnlich, wie es sich für drei Schwestern geziemt, und waren doch völlig verschieden. Elsa, die älteste, von herber Schönheit, ernst, schweigsam. Bertha, die dritte, sehr jung, eben sechzehn Jahre geworden, wie es hieß, aber ich denke, sie war erst fünfzehn, jedenfalls noch ein Kind. Die mittlere aber, Grete, in ihrem traumhaften Liebreiz sofort als die Königin des Dreigestirns erkennbar, schlank wie eine junge Birke, das schmale Antlitz mit den wie von einem Pastellstift aufgetragenen Brauen und Wimpern oft von einer süßen Melancholie überschattet, dann wieder zu einem herzlichen Lachen von silbernem Klang aufgehellt – mit einer leise vibrierenden Stimme, in der eine ganz seltsame Mischung von freier Lustigkeit, ja von Übermut, und verhaltener Wehmut tönte, und die zudem ungemein gescheite Dinge zu sagen wußte. Ein Wiener Volkskind, doch von höchst veredelter Kultur, und von einem unerklärlichen Schimmer in eine märchenhafte Sphäre entrückt.

Als auf dem erwähnten Bühnchen unten der Tanz begann, waren wir schon längst besiegt, erobert. Indessen alles erschien nun noch gesteigert. Auch das war Wiener Volkstum, fast unmerklich und deshalb umso bezwingender zu künstlerischen Höhen emporgetragen. Wenn die drei in schwebendem Takt und vollendetem Gleichmaß aus der Kulisse glitten, wenn Grete allein das Podium beherrschte, die klassisch-schlichten Biedermeier-Walzer des alten, ältesten Strauß, Johanns I. sozusagen, und seines Vorgängers Lanner, an die niemand mehr gedacht hatte, zu neuem Leben erweckend, so waren wir völlig ins Märchen versponnen. Von Gretes Lächeln ging der magnetische Strom einer sinnlichen Verführung aus, die wieder ganz Keuschheit und Unschuld geworden war und doch ihre Lockung beibehielt. Sie tanzte immer weiter, hingegeben, selbstvergessen. Es war eine Mainacht, man öffnete die Fenster des Wesendonck-Saales, der Flieder der Tiergartenbüsche duftete herein, das Gezwitscher der Vögel schwatzte ungeniert in die Altwiener Walzerklänge des Flügels – Grete Wiesenthal tanzte, wie vom Befehl des Magiers in der orientalischen Erzählung behext, als müsse und könne sie das übermächtige Gefühl ihres glückseligen, die anderen beglückenden Daseins nur so bis zur betäubenden himmlischen Erschöpfung ausströmen lassen. Der Morgen kam, es wurde hell – sie tanzte, mit einer holdseligen Besessenheit, daß Tränen der Rührung über ihr lächelndes Gesichtchen rollten.

HANS BRANDENBURG:
DER WALZER UND DIE SCHWESTERN WIESENTHAL

In den ersten Tänzen ihres Programms gaben die Mädchen gleichsam ihre Karten als modern denkende und fühlende Nicht-Balletteusen ab. Sie tanzten Chopin, und zwar in der erklügelten antikischen Manier der Duncan, um zu zeigen, daß sie sich ihre Köpfe zerbrochen hatten in der Suche nach geistreichen Gedanken, die denen der berühmten Meisterin nicht nachstehen sollten, daß sie mit dem ernsten Rüstzeug moderner Tanzästhetik beschwert waren und dadurch die Öffentlichkeit von dem Gediegenen ihrer Kunst zu überzeugen hofften. Und diese Tänze haben vielleicht auch die nachfolgenden Walzer nach Schubert, Lanner und Strauß gegen Mißverständnisse gedeckt. Aber nur die Walzer hatten den alten, ewig neuen, bei der Duncan vermißten Wert, aus der Natur, aus Impuls und Emotion zu strömen. Ein atmender Jubel brach los, wenn die Schwestern ihre Arme entbreiteten, darunter kleine Flaumschatten aufhuschten, wenn wilde Wirbel in das leichteste Wiegen überglitten oder zum Sprunge hochschnellten, so daß die schlanken Füße bei der Ankunft mit gestrafften Sehnen schräg den Boden berührten, bis sich der Tumult wieder im Glücksmaß des Dreivierteltaktes himmlisch ausglich. Und Johann Straußens Weisen, nach denen sich Generationen im Rundtanz selig gedreht, leuchteten nun in glanzvollerem Jubel denn je, weil sie sich zu einer höheren und ihnen gemäßeren Bestimmung hinaufgefunden hatten, weil sie, unwandelbar treu den lustreich bewegten Leibern, von den süßen Drehern und Schleifern sich zum Schauspiel gestalteter Bewegung erheben und dabei statt der Luft der Ballsäle Sonne und Wind, Blumenduft, Vogelsingen und Quellenrauschen in sich trinken durften.

Else Wiesenthal tanzt die »Rosen aus dem Süden«. Sie wirft die drehenden Kreise dieses Walzers weit von sich weg, daß sie in großen Kurven den Raum durchschneiden und sie selber, alles von ihr ausgehende wilde Leben beherrschend, in und über ihnen ruht, mit voller, sinnlicher, kranzgeschmückter Reife und menschlicher Güte. Grete Wiesenthal tanzt »An der schönen blauen Donau«. Zuerst, bei der Introduktion, kauert sie in ihrem knappen wellengrünen

Gewand, eine Nixe, am Boden, in ihrem offenen goldbraunen Haar wie in Fluten begraben. Dann erhebt sie sich langsam, nach den Takten des Themas, während sie mit den Händen die Luft wie unsichtbares Wasser schöpft und formt, als würde sie zwischen diesen Fingern zu rieselnden Blütenkelchen. Und wenn sie sich nun dreht, so scheint sie alle Kreise, die im Raume leben, konzentrisch in sich hereinzuziehen, wobei ihre Gestalt immer schmaler und an sich gerissener wird, bis die Bewegung aus ihr emporzüngelt wie eine verzehrende Flamme. Ja, sie verzehrt sich im Tanze, ihr ist Freude gleichbedeutend mit Schmerz, so daß der Tanz einen tragischen Widerschein über ihr herrliches Gesicht wirft, das auch dann noch anmutig ist, denn sie hat gar nichts Krampfhaftes, sondern auch in Ekstase und Tod die reine, heitere Lyrik eines fröhlichen Bereit- und Befreitseins.

Wer aus dem eigenen Gefühl, das er beim Tanzen hat, die höchste Möglichkeit eines »freien« und »offenen« Walzers als Ahnung und Sehnsucht kennt, der konnte hier deren eigentlichste Erfüllung erleben. Die unsichtbare Form, die über der Tanzlust einer rein triebhaften Massenbewegung viele Generationen hindurch schwebte, wurde sichtbar in einem Reichtum von Formen, die alle doch durch den konzentrierenden Rhythmus des Dreivierteltaktes gemeistert waren. Ein altes, gesellschaftliches Empfinden individualisierte sich in Kunst, welche durch diese ihre Herkunft doch typisch und allgemeinverständlich ist. Der Geist des Balletts hat eine einmalige letzte Verjüngung erfahren, indem er den Rausch der gesellschaftlichen Massenbewegung des Walzers an sich riß und zur Kunst erhob . . .

. . . Sie tanzt im Rahmen eines Variétéprogramms die »Frühlingsstimmen« von Johann Strauß, Liszts zweite Rhapsodie und ihre »Blaue Donau«, und noch in die dumpfsten Seelen fällt ein Strahl von Schönheit, denn was hier Wirklichkeit wurde, hat jeder Mensch mehr oder weniger, flüchtig oder stark, bewußter oder unbewußter empfunden, wenn ein Walzertakt sein Ohr traf oder seinen Fuß bewegte. Die weitwirkende, volkstümliche Kraft, die ein Uhland oder Eichendorff durch ihren Anschluß an das Volkslied erreichen, hat hier der Kunsttanz durch den Anschluß an den Walzer erreicht. Aber darüber hinaus finden wir in ihm doch zunächst und vor allem Grete Wiesenthal. Sie ist in des Wortes vollster Bedeutung eine Natur, und eine beliebte poetische Floskel wird bei ihr zur Wahrheit: daß sie wie Wind und Welle, wie Bäume und Blumen tanzt. Doch leidet darunter die Kunst nicht, sondern es will nur besagen, wie gewachsen, wie einfach, selbstverständlich und notwendig alles an ihren Tänzen ist. Da erhebt sie sich in ihrem Federkleide mit den »Frühlingsstimmen« immer wieder zu jubelndem Flug, aber immer wieder stockt und hemmt ihn scheue Flügellahmheit, und wo in der Rhapsodie leichter Takt und wilder Wirbel, bäuerliches Stampfen und selbstvergessene Klage scheinbar übergangslos einander ablösen, da könnte doch keine Kleinigkeit anders sein, so tief waltet der Zwang des Blutes als Zwang und Freiheit der Form. Qual wird Andacht, Schwermut wird Freude, ungenügsame Sehnsucht wird selbstsicheres Glück, und umgekehrt, denn schmerzvoll lächeln alle Gegensätze.

Gewiß vermag nicht jeder in Grete Wiesenthals künstlerisch-kindlicher Unschuld die ganze menschliche Tiefe zu entdecken, und doch offenbart sich der Ernst des Lebens umso allgemeiner, je mehr er sich in ein Spiel verwandelt. Mit gütiger, zerbrechlicher Frauenhand nimmt sie das Fähnchen, das sie bei der Introduktion zu den »G'schichten aus dem Wienerwald« verschleiert, von dem süßen Gesicht, welches wie ein weher und sanfter Mond aus der Wolke lächelt, in die sie sich am Ende des Tanzes wieder zurückzieht, eine große kleine Diva, die doch vom Ruhm nichts wissen will, eine Weltdame, die doch die Welt nicht kennt, eine Prinzessin aus der Wiener Vorstadt, ja sogar ein bißchen Theaterprinzessin auf Draht und doch die ganze köstliche Natur, die nur ein Kinderauge aus Pappe, Gaze und Flitter zu zaubern vermag. Sieht doch Johann Strauß wie ein ungarischer Husarenhauptmann aus und ist doch zugleich ein weltfremder Träumer, wie in seinen kavaliermäßigen Walzern und hinter ihrer sporenklirrenden oder frackschößigen feschen Gesellschaftlichkeit nur desto echter die Donauwellen und der Wienerwald, ja, die Quellen der Musik und Gestirne rauschen und klingen. Der Grad der Volkstümlichkeit ist in gewissem Sinne, so leicht dieser Sinn mißverstanden wird, ein Grad der Größe. Man darf mit Grete Wiesenthal nicht über Einzelheiten des Geschmacks und ein gelegentliches Mißlingen rechten, auch ihr Versagen ist noch ergreifend. Sie ist eine Tänzerin, und zwar die einzige, wie aus den Zeiten der Fanny Elßler, ein schönes, ernst und heiter strahlendes Wesen, dessen Tanz nicht Selbstzweck, sondern die Offenbarung einer seltenen und köstlichen Persönlichkeit, nur die natürliche Fortsetzung und Manifestation eines beglückenden Menschseins ist, in dessen Körper, an dem die eigene Glut und das Darben der Kriegsjahre zehren, der Wienerwald, eh ihn die Armut als Brennholz zusammenstiehlt, noch einmal seine Märchen rauscht und die Wellen der Donau, bevor das alte Kaiserreich versinkt, noch einmal, völkerverbrüdernd, Musik und Tanz in den untergehenden Himmel sprühen.

»Donauwalzer« von Johann Strauß, 1908

ALFRED KERR

DREI SCHWESTERN

I.

So was lebt nicht noch einmal
  Wie die Schwestern Wiesenthal.
Krudelhold, wenn sie erscheinen
  Mit den wiesengrünen Beinen;
Wiegen sich auf grünen Stengerln,
  Tanzen jauchzend wie die Engerln . . .

II.

Frühlingshaare . . . Flatterbändchen . . .
  Else, wie du lächeln kannst . . .
Denk' an Gottfrieds Tanzlegendchen
  (Die, wo in den Himmel tanzt!).
Else . . . unter Veilchenbüschen
  Seh' ich dich eratmend gleiten,
Dich verzaubern, dich erfrischen
  An den eignen Seligkeiten . . .
Niemand, Mädel, kommt dir gleich –
  So was wächst in Österreich!

III.

. . . Die sich spitz-phantastisch drehte,
  Schlank und blaß und schmal, – ist Grete.
Etwas schläft in ihren Zügen
  Von dem schluchzenden Vergnügen
Einer (mit beglücktem Sinn)
  Blinden Harfenspielerin . . .
Dennoch wird sie niemals weich;
  Küß die Hand – mein Österreich!

IV.

Mädelhaare. Frühlingskränze,
  Schubert-Walzer, Lanner-Tänze.
So was lebt nicht noch einmal
  Wie die Schwestern Wiesenthal . . .

GRETE WIESENTHAL AN HUGO VON HOFMANNSTHAL

[London, September 1909]

Oh Hugo was für schöne Sachen denken Sie sich für mich aus – daß ich Sie in Tirol besuchen soll und derweil muß ich hier in London zweimal des Tags tanzen – nach Mittags sind viele Kinder da, und denen thut es wahrscheinlich leid daß wir nicht auch Hunderln sind wie die Nummer vor uns. Ich habe solange nicht an Sie geschrieben – weil ich nicht wieder über Wien schreiben wollte, und habe aber bisjezt die gewünschte Sommeradresse von Ihrer Aufenthaltung – von Erwin noch nicht bekommen. Endlich kam Ihr Brief, ich hab mich riesig gefreut. Wir tanzen hier seit 2. August fortwährend, bis 17. Oktober – und vielleicht weiter – das wirkliche Londonerpublikum hat uns natürlich noch garnicht gesehen, umso besser für uns, umso sicherer müssen wir noch viel in London tanzen. Die Presse war am überschwenglichsten, von allen bisherigen Pressen, wir sind der Star hier, man muß uns gesehen haben, es heißt wir sind »ungewöhnlich«, man hat »never seen« – und darum ist das Publikum mehr stumm überrascht als laut und tobend vor Entzücken. Aber unser Erfolg ist groß. Eine Zeit war ich sehr herunter aber habe mich schnell wieder mit Pillen und Milch erholt. Momentan sind wir übertanzt, denn zweimal am Tag, »Manon« und »Lannerwalzer« ist natürlich zuviel. Wenn wir nach 17. Okt. nicht prolongiert werden, dann gehen wir wahrscheinlich nach Paris – aber das ist alles noch unbestimmt, wir möchten am liebsten bis December hier bleiben und dann nach Wien – also jedenfalls im December werde ich Sie wieder in Rodaun besuchen. Und ich freu mich, wenn ich wieder zu Ihnen hinausfahre, ich komme so gerne zu Ihnen. Ich mußte sehr lachen, daß Sie unser Ballet vergessen haben – ich weiß es aber noch und werde es Ihnen aufschreiben – ich muß nur acht geben, daß ich es nicht auch vergesse. Es hat natürlich auch noch Zeit – weil wir ja jezt eine lange Zeit das Tanzen mehr geschäftlich betreiben müssen. Heuer weiß ich garnichts vom Sommer – wir haben ihn ganz vertanzt. Übrigens kamen wir über Paris, verbrachten da 4 Tage, seitdem ist Paris die Sehnsucht von Rudi, Elsa und Berta. Ich verbrachte alle die Tage hauptsächlich in einem Privatsanatorium bei einer kranken Dame die dort liegt und die ich sehr liebe – also habe ich direkt von der Stadt Paris nicht mehr Eindruck als daß ich weiß, daß es eine sehr schöne Stadt ist – aber es regt sich nichts besonders auf in mir, wenn ich ihren Namen höre. Und war der Sommer für Sie schön? Keuchhusten ist ganz ungefährlich also wird es Ihnen nicht viel Sorge gemacht haben. Haben Sie gearbeitet oder garnichts gemacht, nur ausgeruht und genießend vegetiert – was so schön auch ist – oder sind Sie darin zu unruhig? Man muß sich auch in das erst hineinleben, im Anfang erschreckt es Einen fast – mich wenigstens, aber dann könnte man vielleicht ganz versinken. Jezt ist bald Erwins Militärzeit vorüber und dieses Jahr ist überstanden, und er kommt zu mir nach London – dann wird London ganz schön für mich sein, jezt weiß ich nur, daß es sehr schön sein kann. Aber Wien ist wirklich eine reizende kleine Stadt, etwas ganz Besonderes – aber garnicht ernst zu nehmen. Und Gertie – ist sie noch immer so schön schlank? Und gesund und froh? Ich lasse sie sehr grüßen! Und ich grüße Sie sehr – und wenn es Ihnen lieb ist und eine Nothwendigkeit wird, mir zu schreiben, dann bitte thun Sie es und beschenken Sie mit einem Brief

Ihre Gretl

»Allegretto«, nach Ludwig van Beethoven, Klaviersonate in F-Dur, Nr. 6, 1908

82

ALFRED KERR

FREKSA: SUMURÛN

I.

Vorwärts geht es, großer Vater;
    Pantomimisch kommt man jetzt;
Langsam wird das Wort-Theater
    Durch den Außenreiz ersetzt.
Offenherzige Seelen brechen
    Mit dem Vorurteil: zu sprechen.

Längst war dieser Wunsch vorhanden,
    Längst erklang er an der Spree:
Freiheit von des Wortes Banden,
    Hoch das Shakespeare-Varieté!
(Etwas früher, etwas später
    Kommt The Empire Theatre.)

II.

Turbans; Weiber; Bösewichter; —
    Wie der Sinn der Handlung war,
Wird zunächst einmal dem Dichter,
    Dann dem Publikum nicht klar.
Jeder rät. Trotz großen Fleißes
    Merkt man schaudernd: niemand weiß es.

III.

Wer arabisch Leben kennt,
    Windet sich, ihm ist nicht wohl.
Reinhardts kitschiger Orient!
    Metropol! Metropol!
Allzuvieles, was ich sah,
    Viel zu grell und viel zu nah.

Pflaum'mus, Königsberger Fleck,
    Schwarte, Zimt, ein Knoblauchzahn,
Sirup und Kaldaunenspeck,
    Zuckerguß mit Lebertran,

Um dies alles eine große,
  Klößchenfette Buttersauce . . .

IV.

Glücklich schaut man immerhin
  Zwischen Stoffen, Schleiern, Bändern
Eine tiefe Künstlerin
  Lächeln, gleiten, schweben, schlendern.
Sie besonnt ein Himmelsstrahl,
  Selig, apollinisch-musisch,
Das ist Grete Wiesenthal,
  Und sie tanzt – beinahe dusisch . . .
(Reinhardt! sollst mit Flitterstücken
  Ihren Adel nicht erdrücken.)

V.

Dieses Mädel, dies Gedicht,
  Menschenvoll und zauberschlicht,
Darf (beseelt, reklamerein)
  Mancher Kunst ein Vorbild sein.

Sonst – die Szene dieser Zeiten
  Seh' ich in den Fettnapf gleiten;
Immer setzt es, meine Lieben,
  Gänsegrieben. Gänsegrieben . . .

1910. 26. April.

»Sumurûn«, Berlin 1910

ANONYM: ZUM WIEDERAUFLEBEN DER PANTOMIME

Dem genialen Leiter des Berliner »Deutschen Theaters«, Prof. Max Reinhardt, der für das ganze deutsche Bühnenwesen vorbildlich gewirkt hat, ist ein neuer Entwurf gelungen: Er hat die seit langem schlummernde Pantomime zu neuem Leben erweckt. Seine Aufführung der Pantomime »Sumurûn« hat einen Sensationserfolg errungen und wird wahrscheinlich als Muster-Darstellung noch lange wirken. Der Inhalt des Stückes ist kurz folgender: Sumurûn, die Favoritin eines Scheichs, liebt einen jungen Teppichhändler. In einem Korbe, unter Seidenwaren versteckt, wird er zu Sumurûn in den Palast gebracht. Mit dieser Geschichte verbindet sich jedoch eine zweite: Ein buckliger Spaßmacher liebt eine schöne Sklavin, die ihn aber von sich stößt. Diese Sklavin wird vom Sohn des Scheichs geliebt, vom Scheich selbst gekauft. Aus Gram darüber vergiftet sich der arme Bucklige. Sein Leichnam macht böse Abenteuer durch, bis er endlich im Korb gleichzeitig mit dem Händler im Harem anlangt. Wie im Mär-

»Sumurûn«, Berlin 1910

chen so oft, wird der Tote aber wieder lebendig und nun beginnt ein bunter Wirrwarr. Der Scheich, der Sohn, die Favoritin, die neue Sklavin, der Teppichhändler, Eunuchen und Dienerinnen wirbeln durcheinander und Szenen von außerordentlicher Schönheit, die an Tausendundeinenacht erinnern, erstehen vor dem Zuschauer. Da dies alles pantomimisch dargestellt wurde, war das Publikum also gleichsam wie durch eine akustische Störung vom Wort getrennt, das jeden Augenblick erwartet wurde. Es war ein interessantes Experiment festzustellen, welche Wirkung Dichter und Regisseur ohne das Wort, nur durch Mimik und Gesten, auszuüben vermochten. Bei dieser Aufführung waren selbstverständlich alle Ballettallüren und traditionellen Gesten ausgeschlossen. Die Schwestern Wiesenthal, von denen Grete Wiesenthal die Sumurûn spielte, brachten Wiener Grazie ins Morgenland.

»Der Geburtstag der Infantin«, G. W. im Mantel des Marionettenspielers, Kostümentwurf: Erwin Lang, 1911

FRANK SCHREKER AN GRETE WIESENTHAL

[Wien, 19. Sep. 09]

Verehrteste!

Eine Aufführung in London würde mich *außerordentlich* freuen! Zu diesem Zwecke würde ich Ihnen den Schluß vor dem Spiegel noch umarbeiten –, nach den gewonnenen Erfahrungen viel wirksamer gestalten. Der Klavierauszug (bis zu dieser Scene) ist im Stich und muß *ehestens* fertigwerden, ich sende Ihnen, was ich habe, morgen.

»Roccoco« erscheint ebenfalls, und zwar vierhändig u. für Orchester; wollen Sie es als Zeichen meiner besonderen Verehrung und um Unliebsames durch etwas Freundliches aus der Welt zu schaffen als Ihnen zugeeignet annehmen? Frl. Elsa das nächste, was erscheint. Wir werden uns in Wien dann mit dem Verleger, der seine Verbindungen überallhin hat (Dir. Hertzka, Universaledition) in Verbindung setzen, daß er uns an die Hand geht – falls *nötig* sein sollte. Sie denken doch nur an eine Aufführung mit Orchester, nicht? Falls es irgendwie sich vernünftig machen ließe, möchte ich sie selbst einstudieren und die 1. Aufführung (eventuell auch weitere) dirigieren. *Doch nur falls es Ihnen recht ist.* Ich bin in Eile, mit *herzlichen* Grüßen an Sie und Frau Elsa

Ihr F Schreker

Erwin Lang, Plakat für »Der Geburtstag der Infantin«, Wien 1910

»Der Geburtstag der Infantin«

GRETE WIESENTHAL AN MAURICE MAETERLINCK

Torbole (Gardasee)   [20. Juni 1910]

Manche Menschen, denkt man, sind Quellen und man sehnt sich durch ihre Bücher und Werke zu ihnen hin, zu dem Ursprung der Quelle, dem Wesen, von dem das Ausströmen entspringt.

Ich meine nicht, daß die Personen oder die Lebensgewohnheiten einen interessieren – das wäre Neugierde, und vor der verschwindet alles, oder es zerfällt, als ob es nie gewesen wäre. So eine Quelle also sind Sie mir. Bis jetzt habe ich Ihre Bücher gelesen, und da sie mich glücklich machten, dachte ich nicht daran, ich müßte Sie sprechen. Aber jetzt möcht ich von Ihnen eine Gabe, die Sie mir nur persönlich schenken können, und das ist so gekommen.

Ich, die ich schreibe, bin die Tänzerin Grete Wiesenthal aus Wien. Vielleicht haben Sie von mir schon gelesen oder gehört, denn ich war auch schon in Paris und London. Damit Sie aber den Grund meiner Bitte verstehen, müssen Sie sich einen Moment meinen Weg bis heute ansehen. Ich war zuerst als Kind in der Wiener Oper beim Ballett, aber mir schien es, daß wir damals mehr Zeremonien ausführten als tanzten und so mußte ich von dort zur Musik, aber vielleicht kamen die Musik und ich uns auf halbem Weg entgegen. Ich mußte meine Freude, meine Sehnsucht in Bewegungen mit meinem Körper ausdrücken, und dann fiel mir eine geliebte freudige oder sehnsuchtsvolle Musik ein, und die führte mich dann und half mir, mich zu lösen und frei zu machen. Jetzt bin ich nicht mehr 16 Jahre und meine Sehnsucht ist bestimmter und ich begreife das Schicksal anders und tiefer und ich möchte nicht nur mehr ein Lied oder einen Walzer haben, um mit ihm zu tanzen. Ich möchte ein ganzes Schicksal ausdrücken, die Sehnsucht von Aglavaine und Selysette, das Wesen Ihrer Dramenfiguren, aber das sind ja schon geschlossene Kunstwerke, die gesprochen werden müssen und in die ich mich nicht hineindrängen kann.

Jetzt kommt meine große Frage. Bitte, seien *Sie* meine Musik oder sagen Sie mir das Schicksal, das ich in Bewegungen und Erscheinungen ohne Wortbegleitung geben könnte. Man sagt zu so was Pantomime, da aber das, was ich meine, noch nicht da ist, so kann ich ihm keinen Namen geben. Ich hätte mich aber nie getraut, zu Ihnen zu gehen, wenn ich nicht mit anderen Menschen versucht hätte, um das zu ringen, das sie nicht besiegen können, weil sie vielleicht getrübt oder müde sind oder sonst aus einem Grund gerade am Schönsten vorbeigehen. Und darum, sehen Sie, spür ich es ganz gewiß, daß ich an Sie mich wenden muß, auch wenn es mir ganz unwahrscheinlich vorkommt, daß Sie mir antworten, wie ich möchte, obwohl ich Ihr Werk liebe und Sie mir da schon oft, ohne es zu wissen, als ein Namenloser einer Namenlosen ein Gespräch schenkten.

Ach, enttäuschen Sie mich nicht. Ich bin voll Erwartung und ich bewundere Sie.

                                                                 Grete Wiesenthal

Abbaye de St. Wandrille ✉ ⚑
(Seine-Inférieure)

1. Juillet 1910.

Mademoiselle:
J'arrive aujourd'hui
à St Wandrille où
m'attendaient, depuis
bien des jours, votre
lettre et votre dépêche.
Quant au colis-postal,
j'ai reçu un avis qui
me dit qu'il est
encore en gare de
Grasse. Vous voyez
que j'ai joué de
malheur sur

toute la ligne!
Votre lettre profonde et
amicale m'a été extrême-
ment sensible et m'a
très vivement intéressé.
Pourquoi sommes-nous
si loin l'un de l'autre?
Il est des choses qui ne
s'éclairent que par la
présence réelle. Ne
venez-vous jamais en
France?

Votre tout dévoué

Maeterlinck

MAURICE MAETERLINCK AN GRETE WIESENTHAL

Abbaye de St. Wandrille (Seine-Inférieure)   [1. Juli 1910]

Gnädiges Fräulein,

ich bin heute in St. Wandrille angekommen, wo mich schon seit einigen Tagen Ihr Brief und Ihre Depesche erwarteten. Hinsichtlich des Post-Pakets erhielt ich ein Avis, das mir sagt, daß es sich noch im Bahnhof von Grasse befindet. Sie sehen, daß ich auf der ganzen Linie Pech gehabt habe. Ihr ernster und freundlicher Brief hat mich tief berührt und aufs lebhafteste interessiert. Warum sind wir so weit voneinander entfernt? Es gibt Dinge, über die man sich nur durch die wirkliche Gegenwart klar wird. Kommen Sie nicht einmal nach Frankreich?

Ihr ganz ergebener Maeterlinck

G. W., um 1910

Grete und Elsa Wiesenthal, »Tarantell« von Daniel François Esprit Auber, 1909

HUGO VON HOFMANNSTHAL AN GRETE WIESENTHAL

Rodaun, 5. VII. [1910]

Liebe Gretl

ich danke Ihnen vielmals für Ihren guten lieben Brief – er hat mir rechte Freude gemacht. So rein hab ich Sie darin gehört oder gesehen, so unverstört, wie es nur in ganz glücklichen Augenblicken geschieht. Daß Sie krank sein könnten, daran hatte ich gar nicht gedacht – hoffentlich sind Sie nur wieder wirklich gesund, oder im Gesundwerden.

Sie haben ganz recht, ich kann Ihnen zu der »Psyche« jetzt nichts mehr dazu geben, nichts Nennenswertes mehr, weder in einem Gespräch noch Brief. Alles was an mir war, geben zu können, lag in der Zusammendrängung des Stoffes auf das Wesentliche, in diese drei Situationen. Das Wesentliche ist immer auch zugleich das einfach-Symbolische, welches keiner Auflösung, keiner Deutung bedarf.

Indem ich mir die Kunstform »Pantomime« ausgehend von Reinhardts »vermischter« Form klar zu machen suchte, ist mir auch klar geworden, welche großen reichen Möglichkeiten hier für Sie da sind, das natürliche zweite Stadium Ihrer Entwicklung, eigentlich grenzenlose Möglichkeiten, Ihr Inneres zu entfalten, aus dem Innern schöpfend ein Äußeres, unendlich Vielfältiges zu entwickeln.

Ich möchte manches sagen, beschränke mich auf das Andeutende. Wo es Ihnen nichts gibt, ist auch nichts verloren, Sie finden es täglich aus sich selbst ebenso gut.

Es handelt sich um eine Folge *reiner* Stellungen und Geberden. Die Geberden, die das Schauspielerische begleiten, sind alle unrein, weil vermischt; sie gehen ineinander über; auch ihrer Natur nach sind sie unrein, zum geringen Teil wahrhaft ausgebildete mimische Geberde, zum großen Teil bloße conventionelle Zeichen, wie die Buchstaben, die ja aus wahrhaften Bildern, den Hieroglyphen, entstanden sind.

(am 11t weitergeschrieben)

Das zweite und das dritte Bild unseres Planes »Psyche« scheinen mir recht glücklich. Hier handelt es sich um wenige, reine Geberden zusammt den reinen Übergängen von einer zur andern. Eine reine Geberde in ihrem An- und Abschwellen, ihrem inneren Rhythmus ist ja so reich, daß aus ihrer wenigen sich eine ganze Ceremonie, ein ganzer »Act« zusammensetzt.

So war das schönste, von Schauspielelementen freiste was die St. Denis gemacht hat: die einzige Geberde der Tempeldienerin, die das Rauchopfer darbringt.

Die Übergänge freilich müssen das Schwerste sein, so wie in der dramatischen Kunst, so wie auch in der Musik. Gefährlicher ist das erste Bild: hier könnten sich die Motive leicht mischen, verwirren und trüben. Es wird Ihnen gelingen, sie auf ihre mindeste Zahl zu bringen und rein zu erhalten.

Die Erwartung Amors, die Scene bis zu seinem Einschlafen ist für die Figur des Amor leicht rein zu halten: er ist der Verhüllte, und zugleich arglos und einfach; der Gott wie das Thier, um eine Stufe einfacher als der Mensch. Das Spiel mit der Lampe muß eine Scene für sich sein. Die Lampe ist wichtig: die scheinbare Wahrheitsbringerin, das falsche Licht der Welt, des

96

kurzsichtigen Verstandes. Nach Amors Flucht folgt dann, scheint mir, eine zweite Scene der Verzweifelten mit der Lampe, wo sie die Lampe voll Reue und Bitternis ausbläst, sich selber in die Finsternis stößt.

Solche Parallelscenen mit einem Geräth sind immer fruchtbar. Sie sind der eigentliche Kern der Pantomime, scheint mir. Die japanischen Geishas vollbringen seit einem Jahrtausend die Theeceremonie, die nichts anderes ist, als eine Kette der simpelsten häuslichen Geberden: Feueranzünden, Eingießen in den Kessel, Ausschwenken der Schale. –

Ein wichtigstes Auseinander-halten ist dies: zwischen Psyches Verzweiflung im Schlußmoment von I und Psyches Leiden in II. Der Schluß in I ist menschlich – der ganze Inhalt von II, bis in den Bruchtheil einer Geberde des kleinen Fingers, ist *jenseitig*. Nirgends ist das Sentimentale so angstvoll fernzuhalten wie hier, nirgends so glühend danach zu streben, den mimischen Ausdruck seelischen Leidens einerseits bis zum Grotesken hinüberzutreiben, andererseits bis zu scheinbaren Kälte einer Ceremonie, einer religiösen Culthandlung zu erheben. Hier wird nicht ein vorübergehender Affect vorgestellt, sondern ein zeitloses und maßloses Leiden wird symbolisch erfaßt und in einen kurzen Moment zusammengedrängt.

Hier ist der Punkt, wo das Ganze sich zu einer wirklichen Bedeutung erheben, oder auch diese Erhebung schuldig bleiben kann. Wenn es Ihnen hier gelungen ist, aus dem feurig-Glühenden das eisig Kalt-glühende herzustellen, die höchste Intensität vor uns wie eine feierlich-akrobatische Function abzuwandeln, dann dürfen Sie sich nachher wie vorher dem menschlichen, mehr improvisatorischen Ihrer Natur hingeben, das ein Reiz und eine Gefahr in Ihrer künstlerischen Entwicklung ist. – Das sind Worte. Sie übersetzen sichs in eine bessere Materie.

Die Musik wird umso besser werden, je besser Ihre Erfindung und Ausführung des Details ist und je mehr sie den Musiker zwingen.

Ich werde um den 6ten August für paar Tage in Canazei nächst dem Pordoijoch sein. Ich hoffe Sie machen es möglich daß wir uns dort sehen. Lassen Sie mich bitte hier noch diese Woche ein kurzes Wort über Ihr Befinden haben.

Ihr Hugo

GRETE WIESENTHAL AN HUGO VON HOFMANNSTHAL

Pedraces im Abteithal   [Juli 1910]
Sumpunt

Lieber Hugo – es ist sehr merkwürdig hier in den Bergen wenn man so lange in den Städten nur herumgehetzt und ganz unruhig geworden ist – erst ist man ganz überwältigt von guten guten Gerüchen, ganz rappelig und gierig, aber man ist noch immer der unruhige Städter, der sich nicht ruhig und selbstverständlich in alles um sich herum einfügt – aber allmählich entwickelt man sich und kann stundenlang liegen und herumschaun. Ganz famos ist es daß man hier nicht mehr so sehr bekümmert um die eigene äußerliche Schönheit ist – es gibt hier nur einen kleinen Spiegel der aber nicht in meinem Zimmer ist, also fällt dieses beunruhigende Sichindenspiegelschauen ganz weg, fragen Sie nur Gertie wie das wohlthut, und ich werde mich erst wieder prüfend betrachten wenn ich Sie in Canazei begrüße. Lieber Hugo, es wird für mich ein reizendes Fest sein Sie am 6. August wiederzusehen; wie lange bleiben Sie überhaupt dann dort? Ah es ist sehr schön daß Sie dort sein wollen und kann mich Ihnen ganz gesund vorstellen. Ich danke Ihnen für Ihre lieben Fragen nach meiner Gesundheit – und besonders stolz machte es mich daß Sie glaubten, ich könne eigentlich nie krank sein. Es ist eigentlich auch so und bitte behalten Sie diesen reizenden kräftigenden Glauben weiter. Und lieber Hugo für alles Wichtige und Interessante das Sie mir über unsere Pantomime schreiben, bin ich dankbar und empfänglich. Ganz überraschte es mich daß Sie meine »improvisatorische Begabung als einen Reiz und Gefahr zugleich meiner Entwickelung« betrachten. Hugo ich wage ganz bescheiden zu glauben daß ich eigentlich fabelhaft präcise alles mir ausdenke und bis in's Itüpferl ausarbeite – vielleicht hab ichs nicht immer famos erreicht was ich wollte – aber manchmal improvisiere ich – aber ich weiß es selbst ganz genau und ich kann mir auch denken wann Sie mich dabei ertappt haben, denn ich selbst halte dieses sich auf den Augenblickverlassen, für verwerflich, und es liegt für mich kein Reiz darinn, sondern es entsteht nur immer aus einer Ermüdung, des Willens – und es thut mir leid wenn Sie es auch einmal bemerken mußten, und ich kann mir auch denken wann es war, aber es ist glaube ich nicht typisch für mein Bemühen Arbeiten »in Kunst«. Und Hugo – ich bin mir ganz bewußt daß ein improvisatorisches Arbeiten einerseits in unserer Pantomime ein *Unding* wäre – und Hugo, Sie werden sehen, wie brav ich sein werde.

Es grüßt Sie sehr

Ihre Gretl.

Äußere Form des Briefes balletmädelhaft – aber wenn der Wind so geht?

HUGO VON HOFMANNSTHAL AN GRETE WIESENTHAL

am Semmering, abends, am 12ten [Dezember 1910]

Gretl, nirgends und überall ist Gegenwart, die Geheimnisse
sind offenbar, die Thaten dunkel, aber rein, weil sie
nur sich selber wollen und in sich selber beschlossen sind.
Die Worte verwirren und gehen von einem Ding zum andern
hinüber; sie sind gefährlich, weil sie ohne Selbst sind
und aus sich herausschweifen.

Die Ferne reinigt und trägt herbei; die Nähe bindet und
trennt. Der Augenblick legt es auf Verwirrung an,
aber die Blumen, die Gedichte, die Berührungen, die Blicke gehen
durch ihn hindurch und leben ohne Tod, wie Götter.

Das Bild an der Wand konnte ich nicht lesen, aber wenn ich
in mich schaue, finde ich die Farbe Ihrer Stimme, die sprechende
Miene Ihrer Hand, und ein bezauberndes Lächeln Erwins,
das nichts davon wußte, von irgend einem Auge wahrgenommen
zu werden.

Musik wird herbeikommen, die Gestalten werden leben
und die Tänzerin wird die Herzen anrühren.

Diese Zeilen wird niemand sehen; was gut und schön
ist, weiß nichts von sich selbst.

H.

I

Man ist in einer geheimnisvollen Welt, aber in einer freudigen. Das Gemach ist schön, von glänzender Dämmerung erfüllt. Die Geräte sind spärlich, aber edel. So erleuchtet, so zugerichtet möchte wohl der Palast sein, den Amor einer sterblichen Geliebten in die Einöde gezaubert hat, daß er dort sie Nacht für Nacht besuche, ihres Besitzes sich freue, aber freilich immer unsichtbar, immer von Schleiern der Nacht umwoben: diese Schleier nicht zu lüften, gebietet ein strenges, oft wiederholtes Wort. Die verhängnisvolle Lampe steht da, ein schönes, unschuldiges Gerät. Auf Stufen erhebt sich ein Altar, dem Offenen zu, wo die kühle Nachtluft eindringt. Ist es aber ein Altar oder ist es ein hochgebautes Lager der Liebe? Der Liebende ist ein Gott, schwingt sich allnächtlich aus der Luft hernieder; die ihn besitzt, muß ihn zugleich anbeten: so ist es wohl beides in einem.

Psyche wartet und schmückt sich; ist schon geschmückt und wartet noch immer. So gehen ihre Tage hin. Ihr Blick haftet auf der Lampe, unwillkürlich, und gleich wieder wendet sie sich ab, gibt sie sich dem süßen Spiel der Erwartung hin, meint, Amor, den Geliebten, schon zu fühlen, schon ihn zu haben. Sie läuft zum Altar, dort spürt sie ihn nahe: aber jähe Angst vor dem Wunder seines Kommens, ein Grausen beinahe, treibt sie wieder fort, nach vorne. Zitternd bleibt sie stehen. Niemals gewöhnt ein Sterbliches gänzlich die Wunder. Da schlägt auf dem Altar eine Flamme auf, und die Flamme ist Gegenwart des Gottes, und wie sie verlischt, steht er auch da, Knabe, Gott, Geliebter, aber verhüllt, unsichtbar dem Auge der irdischen Freundin. Sie fühlt ihn, wittert ihn, sucht ihn: »Wo bist du? wo?« Er steigt die Stufen herunter, schattenhaft, kinderhaft. Psyche steht und zittert, da ist er ihr ganz nahe. Die eine ihrer Hände fühlt ihn vorüberstreifen, die andere – es ist, als flöge ein lebendes und zuckendes Etwas um sie herum. Er gleitet hinter ihr weg, die Dunkelheit, die ihn einhüllt, scheint ihn auf Flügeln zu tragen, er umkreist die Geliebte, spielt an ihr hin, wie Schmetterlinge streifen sie aneinander hin, Wange an Wange: da streckt sie den Mund nach ihm, und sein Kuß trifft sie aus dem Dunkel hervor, durch den Schleier der Nacht hindurch. Er entschlüpft ihr, sie wirft sich ihm nach und verfehlt ihn dennoch; sie zittert vor Enttäuschung, vor Sehnsucht, wendet sich endlich zweifelnd, sehnend zur Lampe in einem langen Blick. Die Lampe scheint sich ihr entgegenzuregen, ein schönes, nicht länger unschuldsvolles Gerät. Tanzend entschlüpft Psyche dem Geliebten, fängt tanzend seinen Kopf, er entzieht sich ihr wieder, aufs neue fängt sie ihn ein, faßt seine Locken, zieht das geliebte Haupt der Lampe näher, hebt schon die Hand, nach dem Licht zu greifen – da fühlt sie ihre Gelenke von der Hand des Gottes umklammert, spürt die Drohung, die unerbittliche Gewalt, das Verhängnis, zitternd geht ihre kleine Hand von der Lampe weg, gebieterisch gotthaft geht des Gottes Hand empor in warnender Gebärde – die Hand sieht Psyche nicht, aber wie sollte Psyche die Warnung nicht fühlen: Götter sind geborene Herrscher, niemals gewaltiger, als wenn sie befehlen, wenn sie verbieten.

Das Drohende, Warnende aus dem Dunkel erschreckt sie bis ins Innerste der Seele. Angst

Pantomime »Amor und Psyche«, Berlin 1911

wandelt sie an, tiefe Traurigkeit. »Wer bist du? Wer?« Da gleitet er hinter sie, zärtlich, unwiderstehlich. Sie dreht sich ihm zu, öffnet sich ihm ganz, wirft sich in seine Arme. Sie sind auf dem Lager, neigen sich gegeneinander, küssen, sinken hin, schlummern.

Psyche ist es, die bald erwacht; kindhaft arglos schläft der Gott, das Haupt auf seinem Arm. Sie windet sich auf, vom Lager fort, zur Lampe hin, halb unbewußt; stürzt sich hin, ins Verbotene, wie eine Mänade; küßt die Lampe, leuchtet ihn an: er hebt sich, ein unendlicher Blick, eine verzweifelnde Drehung des Hauptes, die Flamme loht auf, der Gott ist verschwunden, die Lampe fällt. Psyches Herz krampft sich zusammen, so fällt sie dahin wie tot. Könnte sie tot sein, ihr wäre wohl, aber unendliche Strafe, unendliche Prüfung ist ihr verhängt.

II

Hier ist die Unterwelt und fahles Licht, nicht Nacht, nicht Tag, Schatten gelagert wie Gewürm und Psyche unter ihnen, aufrecht, starr, ein Schatten ihrer selbst. Könnte sie tot sein, dürfte sie

101

verlöschen, ihr wäre wohl, aber sie muß leben, muß leiden, grenzenlos. – Alles ist hier die Kraft der Tänzerin, ein unermeßliches Leiden zu malen, ein rasendes Fortwollen aus sich selber, unbedingte Verzweiflung. Die Schatten werden mehr, heben sich vom Boden, scheinen zu lauern, anzuschwellen; es ist, als lebten sie vom gräßlichen Leid der einen, die ihresgleichen nicht ist und doch unter sie gebannt. Schatten drehen sich, Schatten engen sie ein, finstere Qual außen wie innen. Ist außen und innen das Gleiche? der arme Kopf hält es nicht mehr auseinander: ein angstgejagtes Hinauswollen aus diesem Höllenkreis, ein Vorstürzen – dann krümmt sie sich, wirft sich hinauf, als wollte sie sich aus sich selber herauswerfen, krümmt sich wie eine Raupe, sinkt gekrümmt an den Boden, die Schatten wachsen, steigen – Psyches verkrampfte Glieder lösen sich, wie Flügel schließen sich ihre Arme, sie liegt friedlich: wie eine Erlöste, nicht wie eine Besiegte.

III

Psyche liegt und glänzt, als wäre sie von Glas; glorreich, kein gequälter Halbschatten, nicht im Totenschmuck. Die Prüfung ist bestanden. Stufen führen empor zur Schwelle der Götter, führen in ein goldenes Licht, das schwebt und blitzt. Amor ist plötzlich da: es ist, als hätte er lange gesucht, endlich gefunden. Er weiß es plötzlich, wer da liegt. Es durchfährt ihn, und er wird starr. Unendliches Leid, Erstarrtsein, Totsein: er will es nicht sehen. Kindlichgotthaft stutzt er, schreckt wie ein junges Tier, wendet sich ab. Aber es ist die Geliebte, – knabenhaft mutig verkämpft er die Scheu, neigt sich, kauert bei Psyche, löst ihr die starren Hände, sieht sie wieder an, zum erstenmal. Er schaudert vor der Starrnis, bäumt sich auf, klagt die Götter an, wie ein verwöhntes Kind. Seine Hände beben zurück vor dem Unlebenden. Aber alles in ihm will, daß sie lebe; seine Finger, göttlich, verstehen zu beleben; die Hände, die Augen, er schüttet sich aus über die Geliebte, preßt die vielgeliebten Hände an sein Herz; sie bleiben, sinken nicht hinab – auch der Kopf kommt empor, leise, blumenhaft, sinkt wieder – sie ist erwacht. Noch ahnungslos bewegt sie sich auf, sieht sich um nach ihm, der da bei ihr ist – es ist ein lächelndes Erkennen, Nichterkennen – allmählich, endlich ein ganzes Lebendigwerden, sie steht auf, die Füße treten vor, es ist, als träten sie ein Paradies – und treten sie nicht die Schwelle zur Seligkeit? Amor weicht zurück, breitet die Arme wie Flügel, sie zu empfangen; sie geht – beflügelt auch sie –, legt sich an ihn, sie wiegen sich hinaus in die Ewigkeit, verschwinden.

»Amor und Psyche«, Berlin 1911

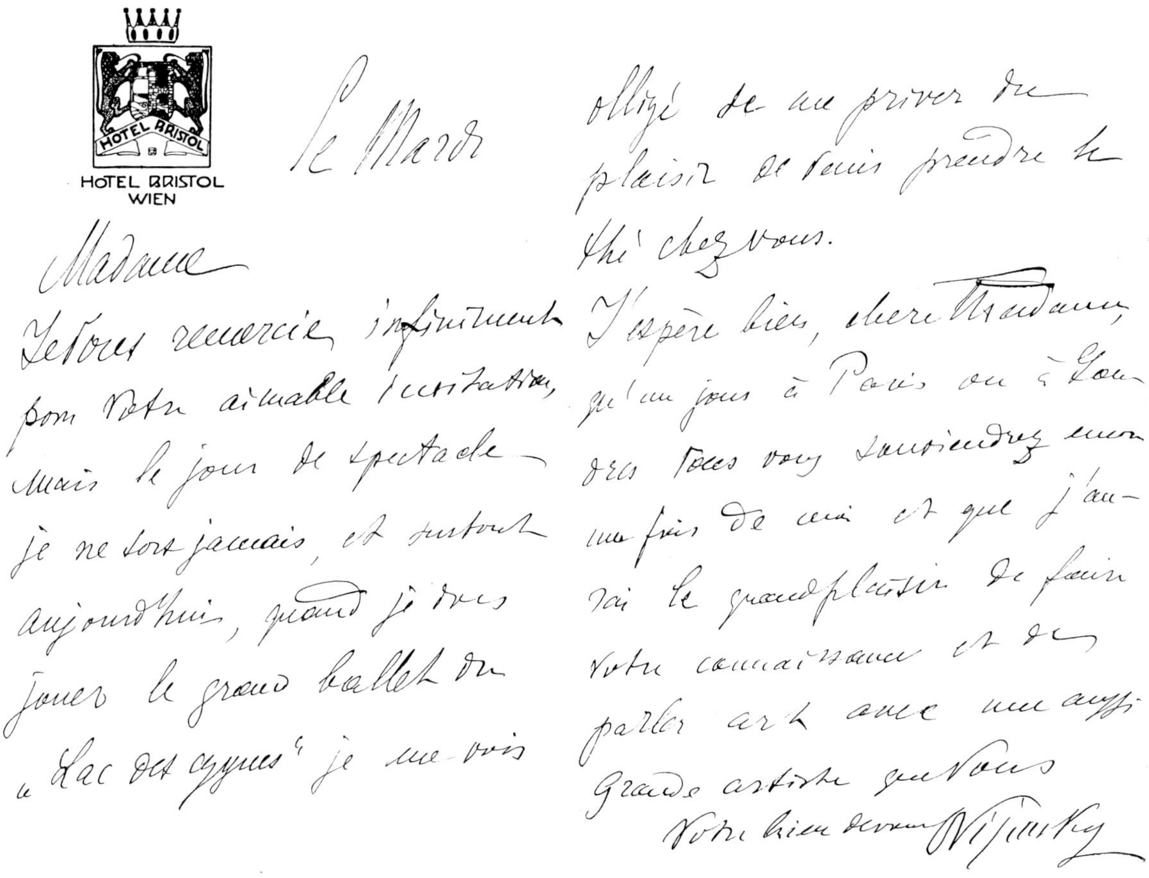

Le Mardi

Madame

Je vous remercie infiniment pour votre aimable invitation, mais le jour de spectacle je ne sors jamais, et surtout aujourd'hui, quand je dois jouer le grand ballet du «Lac des cygnes» je me vois obligé de me priver du plaisir de venir prendre le thé chez vous.

J'espère bien, chère Madame, qu'un jour à Paris ou à Londres vous vous souviendrez une fois de moi et que j'aurai le grand plaisir de faire votre connaissance et de parler art avec une aussi grande artiste que vous

Votre bien dévoué Nijinsky

VASLAV NIJINSKY AN GRETE WIESENTHAL

Hotel Bristol, Wien   Dienstag [Frühjahr 1912]

Gnädige Frau,

ich danke Ihnen vielmals für Ihre freundliche Einladung, aber an Tagen, an denen ich auftrete, gehe ich nie aus, und besonders heute, wo ich in dem großen Ballett »Schwanensee« tanze, sehe ich mich gezwungen, mir das Vergnügen zu versagen, bei Ihnen den Tee zu nehmen.

Ich hoffe jedoch, liebe gnädige Frau, daß Sie sich eines Tages in Paris oder in London meiner erinnern und ich dann das große Vergnügen haben werde, Ihre persönliche Bekanntschaft zu machen und über die Kunst zu sprechen – mit einer so großen Künstlerin, wie Sie es sind.

Ihr sehr ergebener Nijinsky

104

HERBERT JHERING: GRETE WIESENTHAL

Von ihr, nicht von Hofmannsthals Pantomimen muß gesprochen werden. Denn die Tänzerin hat gegen ihren Dichter gesiegt. Hofmannsthal rührt als Kunstdenker in seinem Aufsatz »Über die Pantomime« und in seinem Gespräch über »Furcht« mit andächtigen Worten an die letzten Geheimnisse des Tanzes, der Gebärden, der Bewegungen; als Schöpfer aber hat er vor der Pantomime versagt, weil es ihm an konkreter Phantasie, an Mut zur Sachlichkeit fehlt. Wer eine Pantomime schreibt, muß Bühnenanweisungen schreiben, nicht metaphysische Stammeleien. Er muß seine Handlung so konzentrieren und immer wieder zusammendrängen, bis sie den Extrakt eines langwierigen Geschehens in der Knappheit einer einzigen Situation enthält. In dieser Situation ist dann alles so mit Spannungen geladen, sind die Gefühle schon so an die Oberfläche gestiegen, daß sie sich direkt dem Körper mitteilen und sich mit der elementaren Kraft eindeutiger Gebärden befreien. Nur wenn die Pantomime in sich wirklich den Zwang zu körperlichem Ausdruck trägt, hat sie ihre Berechtigung neben dem Wortdrama. Denn alle rhythmischen Kräfte im Menschen entbindend, läßt sie ihre Darsteller nun nicht mehr als stumme Schauspieler, sondern als beseelte Tänzer erscheinen. Hofmannsthal aber hat eine Unterlage in »Amor und Psyche« für konventionelle Ballettänze, im »Fremden Mädchen« für mimische Statistenkünste geschaffen und so Grete Wiesenthal eher gehemmt als erlöst. Nur in zwei Szenen ist der Tanz als seelische Befreiung und damit als dramatisches Ausdrucksmittel empfunden: Psyche will sich von den Schatten der Unterwelt lösen und: das fremde Mädchen tanzt vor dem unbekannten Manne. Grete Wiesenthal steht da, ihr Kopf neigt sich zurück, ihre Lider sind geschlossen, der Mund halb geöffnet, und plötzlich hebt sie ihren Körper und wächst über sich selbst und wiegt ihn und biegt ihn und entfernt die Arme von sich, schlank, weit, als wehre sie etwas ab. Das alles ist wie im Traum, nachtwandlerisch, fern. Und wenn sie mit langen Schritten nach vorn taumelt und auf ihnen lastend ruht, als ob ihre Glieder schwer wären, die doch leicht sind, dann glauben wir etwas Abgeschiedenes zu sehen, das sich gespenstisch regt, einen Schatten, der noch Körper ist, und doch von seinem Körper nichts weiß. Grete Wiesenthal tanzt als fremdes Mädchen, und in diesem Tanz ist ihre Grazie, ihre Sinnlichkeit, ihr ganzes Wesen, das sich hingeben will und doch verwahrt und in der Haltung der Arme und Hände seinen reinsten Ausdruck findet. Schenkend und wehrend zugleich hebt sich der Arm, und leise gekrümmt sind die schlanken Finger; die schmale Hand will sich öffnen und schließt sich doch, sie will geben und nimmt doch zurück. Wie Grete Wiesenthal vor dem unbekannten Manne zurückschauert, bebend vor Scham, wie sie diese Scham zaghaft, scheu überwindet, selbst noch nicht wissend, was in ihr aufkeimt, wie sie immer jubelnder im Rhythmus ihres Körpers sich befreit – das hat für mich, gerade weil diese Erlösung sich so ohne Krampf und irdische Schwere nur im Fließen und Wiegen eines kinderschlanken Körpers andeutet, etwas so Erschütterndes, daß nur die größten schauspielerischen Leistungen daneben bestehen können. Und wenn Grete Wiesenthal in ihren Einzeltänzen, im »Frühlingsstimmenwalzer« und in der »Schönen, blauen Donau« noch freier, körperloser, unmaterieller zu schweben scheint, so erklärt sich das allein daraus, daß eine beflügeltere Musik ihr Inneres reiner aufblühen läßt als die schwerfälligen, gequälten Weisen der Pantomimenkomponisten Rudolf Braun und

Hannes Ruch. Grete Wiesenthal muß den Dichter und Komponisten finden, der das Rätsel ihres Wesens zu gestalten vermag: dieses Ineinandersein von Mädchentum und Frauenschaft, von Ernst und Heiterkeit, von Herbheit und Sinnenfreude. Dann werden auch unsre Beckmesser sich vor dem Wunder einer Natur beugen und über die technischen Mängel, die ja nicht fortzuleugnen sind, hinwegsehen.

OSKAR KOKOSCHKA AN GRETE WIESENTHAL

28. Okt. [1912]

Liebe Gretel Wiesenthal (nicht bös sein)
(Gnädige Frau)!
Ich habe Sie gestern noch tanzen gesehen Sie sind noch viel schöner als früher und ich würde, wenn Sie nicht böse würden, Sie wirklich anbeten wie die hl. Agnes oder irgend eine Heilige so wie ich es damals heimlich getan habe als ich Sie kennen lernen durfte. Heilige Gretel Wiesenthal der du bist im Himmel geheiligt und auf Erden sei nicht bös und nimm uns mit in den Himmel. Gegrüßet seist Du Gretel in Ewigkeit
    Amen

OSKAR KOKOSCHKA AN ERWIN LANG

[1912]

Lieber Erwin ich bin ein mißtraurischer Schuft und bin damals nur bis zu Eurem Haustor gekommen und hatte dann Hemmungen. Sei nicht bös wegen der Vereinbarung deren Nichteinhaltung mir schwer genug war.

Sag bitte der Gretel, daß ich Ihre Fotografien verehre wie Ihren Abglantz und daß ich Sie und Dich doch einmal sehen möchte bevor Ihr wieder weggeht.

Herzlichst Dein Freund O. Kokoschka

Grüße rau und innig meinen kleinen Freund Georg Michael

GRETE WIESENTHAL AN OSKAR KOKOSCHKA

[1912]

Lieber Oskar Kokoschka!
Kommen Sie doch diesen Sonntag Nachmittag 5 h zu Erwin und mir; wenn Sie wieder statt herauf zu kommen, unten stehen bleiben, ist's wieder ein Jahr mehr, daß wir uns nicht sehen – denn ich gehe nach Amerika, dann ist's Sommer, und ich bin in Tirol, dann nachher bin ich kaum in Wien – also?

Immer hab ich mich so auf Sie gefreut, wenn Sie kommen wollten – aber Sie kamen nicht, aber lieber Oskar Kokoschka, dann werde ich ja ganz scheu, kommen Sie doch zu Erwin und mir, und schauen Sie unseren kleinen Martin Georg Michael an, er ist ein lieber lieber Mensch.

Ich grüße Sie sehr.

Grete Wiesenthal

OSKAR KOKOSCHKA AN GRETE WIESENTHAL

[1912]

Oh bitte liebe Gretel ich bin Tot erstickt aber ich komme morgen um Sie noch zu sehen haben Sie meinen Brief bekommen vor einigen Tagen Erwin sagt ja und ich bin also überzeugt also mit Gott ich bin bald hin

Ihr Oskar Kokoschka

G. W., New York 1912

108

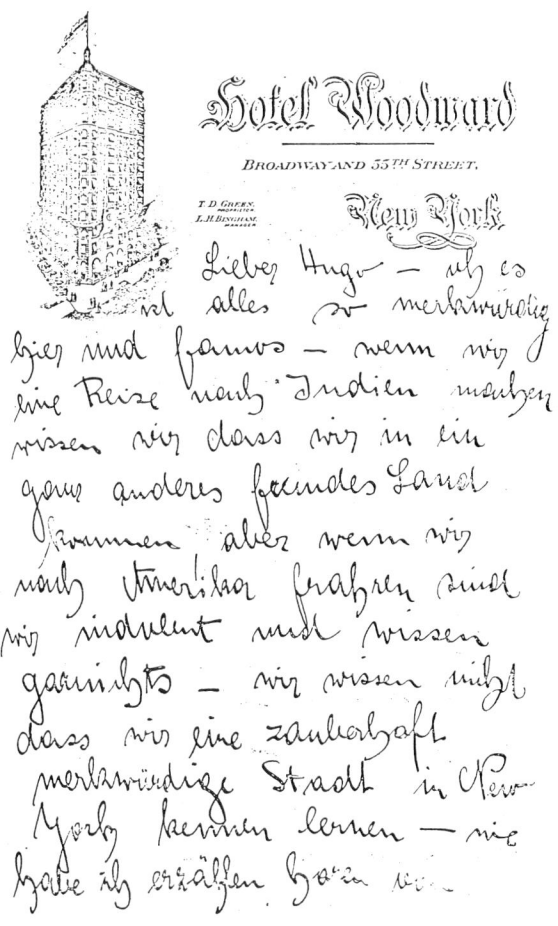

GRETE WIESENTHAL AN HUGO VON HOFMANNSTHAL

Hotel Woodward   [April 1912]
Broadway and 55th Street, New York

Lieber Hugo – oh es ist alles so merkwürdig hier und famos – wenn wir eine Reise nach Indien
machen wissen wir daß wir in ein ganz anderes fremdes Land kommen, aber wenn wir nach
Amerika fahren sind wir indolent und wissen garnichts – wir wissen nicht daß wir eine zauberhaft merkwürdige Stadt in New York kennen lernen – wie habe ich erzählen hören von der
wundervollen Hafeneinfahrt – wir kamen an einem Frühlingstag an, links das Eiland, so zart
reizend – rechts etwas im Nebel New York – oh Hugo es schaute aus wie aus »Tausend und
eine Nacht«, die Burgen der Dschinn und Dschanns man sich träumt – wundervoll schön –
abends in den Straßen – da gibt eine Eine, die heißt auch Milchstraße – da ist ein Meer von
Licht, und ganz verrückt alles, elektrische Lichtpferde springen auf den Nachthimmel – elek-

109

trisches Wasser fließt in Flaschen, Gesichter erscheinen, verschwinden – man lacht und schreit, wenn man es das Erstemal sieht. Ich wurde gleich von diesem tollen Leben ergriffen und mitgerissen und habe in 2 Tagen mehr mit Leuten sprechen kennenlernen müssen als sonst in Monaten. Mein Direktor Schubert gab in die Zeitung *daß ich nur mit der besonderen Erlaubnis des deutschen Kaisers herüberkommen durfte, daß deswegen ein Ministerrath zusammentrat, und daß Schubert eine große Caution erlegen mußte – daß ich wieder gesund zurück komme.*

Und soviele Komische Dinge sind uns passiert, daß wir aus dem Lachen und Staunen nicht heraus kamen. Die größten Gegensätze sind hier – ganz kleine Häuser neben Wolkenkratzern – ganz entsetzlich reiche – arme Leute, schwarze Menschen, weiße Menschen, aber von allem habe ich den Eindruck von unerhörter Jugend und Werden – und vielleicht wie ich glaube so viel Gutes im Werden. Durch Erwin's Mutter lernte ich hier sehr ausgezeichnete Amerikaner kennen, die ihre besten Freunde vor Jahren in Wien wurden. Der Mann der einen Freundin ist hier einer der ersten Ärzte und sie führen ein großes Haus – und vor allem sind es Menschen wie ich sie besonders lieben muß – dadurch ist soviel Schwingendes in meinem hiesigen Aufenthalt – und wir sehen so vieles – und denken Sie Hugo – als wir gestern zu besonders reizenden Freunden kamen, begrüßte mich Ruth St. Denis, oh es war eine reizende Überraschung. Sie frug mich sehr wie es Ihnen geht was Sie machen, über alle wollte sie wissen, Gerti, die Kinder, Hans Schlesinger, Frau Schlesinger – also ich mußte erzählen, alles englisch, denn sie spricht nicht deutsch. Es scheint ihr gut zu gehen, sie hat hier viel getanzt und wird in nächster Zeit nach Europa kommen, mit ihren egyptischen Tänzen – ich war sehr entzückt mit ihr zu sprechen und sie schien mir reizend, wir waren nur lauter Frauen – es war köstlich leicht und zart unser Zusammensein – und extra dachte ich mir noch – »wir Tänzerinnen sind doch reizende Menschen«. Und eingebildet sind wir auch – sagen Sie Hugo. Heute abend ist hier mein erstes Auftreten – no ja! Premièren hab ich nicht gern! Wenn es mir gut gelingt, werde ich berichten. Derweile grüße ich Sie und Gertie sehr – den Kindern werde ich Karten senden – denn von Amerika wird es sie vielleicht interessieren. Die Seereise war herrlich gut und ich lernte einen typischen Amerikaner kennen, sein Wesen war herb und gut, wenn sie alle so sind dann müßte man sie lieben. Ihnen und Gerti wünsche ich eine herrlich schöne Frühlingsreise – und uns allen ein frohes Wiedersehen im Juni auf der Durchreise nach meinem Sommer. Lieber Hugo Grüß Gott.

Gretl

G. W. als Küchenjunge im Vorspiel »Der Bürger
als Edelmann« zu »Ariadne auf Naxos«, 1912

HUGO VON HOFMANNSTHAL: FÜR GRETE WIESENTHALS AUFTRITT IN
»ARIADNE AUF NAXOS«

Tanz des Küchenjungen

drückt zuerst Schüchternheit aus, sich in einem solchen Kreise zu finden. Dann bemächtigt er
sich verstohlen eines Glases Wein, nippt daran (im Verstecken der Verlegenheit.) Nun wird er
mutiger, besieht sich die Herrschaft. Sieht alles wie durch einen Schleier leuchtender Trunkenheit. Die Schönheit der Dorimene berauscht ihn. Er drückt durch Geberden aus, daß er
sein Herz an sie verloren habe. Nun trinkt er noch einmal herzhafter. Er küßt seine eigene
Hand. Das Ganze wird ihm immer spaßiger, Jourdains Gegenwart immer drolliger – die
Atmosphäre des Liebespaares scheint für ihn ein wirklich vorhandenes Element, an dem er
sich stärker berauscht als an dem Wein.

Aus dem Vorspann zu dem Film »Das fremde Mädchen«, 1913

DAS FREMDE MÄDCHEN

Ein romantisches Drama
Nach Hugo von Hofmannsthal. Scenario der Filmfabrik
Milieu und Musik aus der Bellmanzeit oder eine Generation früher: Holbergzeit.

1. *Jeunesse dorée.*

Ein großes Säulencafé in Rokoko. Ein Zigeuner-Orchester spielt auf einer Estrade. Ein lebhaftes Treiben durch das Café, das an einem Marktplatz liegt. An einem Tisch im Vordergrunde sitzt eine lustige Gesellschaft von jungen lebenslustigen Weibern und Kavalieren. Unter ihnen Graf Moritz. Sie essen Obst und trinken Champagner. Der Graf ist der lustigste. Er küßt seine Dame auf den Hals, erhebt sich mit dem Glase in der Hand und trinkt einen Toast auf das perlende schäumende junge Leben.

2. *Die Zigeuner.*

Die Musik hat Pause. Nun kommt eine Schar von Gauklern in das Café. Es sind: Ein Atlet mit tätowierten Armen; eine bucklige Frau; ein Mann mit einem Stelzfuß; ein Zwerg und ein junges Mädchen, eingehüllt in eine lappige Pferdedecke. Die bucklige Frau hat eine Guitarre; der Mann mit dem Stelzfuß hat eine Violine; der Zwerg eine Trommel. Die ganze Schar sind zerlumpte phantastische Gestalten, die es darauf abgesehen haben, Aufmerksamkeit und Mitleid zu erregen. Sie stellen sich vor der lustigen zechenden Gesellschaft auf und fangen an, ihre Vorführungen zu zeigen. Der Atlet streicht den Mantel zurück und zeigt seine Armmuskeln und seine Tätowierungen. Er biegt ein Hufeisen und zeigt andere Kraftproben. Die lustige Gesellschaft winkt ihm ab. Sie sind nicht aufgelegt, derartige Aufzüge anzusehen. Da reißt die bucklige Alte dem jungen Mädchen die Decke herunter und befiehlt ihr zu tanzen. Das junge Mädchen, Miranda, ist eine blendende Schönheit, in bunte Fetzen gekleidet. Sie hat ein Tamburin in der Hand. Sie sieht hülflos umher, als wollte sie um Mitleid flehen. Tanze! sagt die Bucklige und stößt sie vorwärts. Und sie fangen an zu spielen.

3. *Miranda.*

Die lustige Gesellschaft wird nun auf das junge Mädchen aufmerksam, das so hülflos und traurig dasteht. Was wird geschehen? Will sie nicht tanzen? Die Bucklige hält mit ihrem Guitarrespiel ein und kneift sie in den Arm. Tanze! flüstert sie zähneknirschend. Der Zwerg sticht sie arglistig mit einer Nadel. Graf Moritz wirft der Bande ein paar Goldstücke hin, welche sie eifrig umherkriechend aufsammeln. Aber nun ereignet sich etwas. Miranda nähert sich der lustigen Gesellschaft. Sie wirft sich vor Graf Moritz auf die Knie, dessen Antlitz ihr von Güte zu strahlen scheint. Sie streckt ihm die gefalteten Hände entgegen und ruft: Errette mich! Hilf mir! Aber nun fällt die Bande über sie her. Die alte bucklige Großmutter des Teufels reißt sie fort. Die Alte hüllt sie in die Pferdedecke ein und sie schleppen sie fort.

Aus dem Film »Das fremde Mädchen«, 1913

4. Graf Moritz fühlt Mitleid.

Graf Moritz hat sich erhoben. Es war etwas von einer verzweifelten Seele in den Augen des armen Kindes. Er will ihr nach. Er will sie von diesen Henkern befreien. Aber seine Freunde und Freundinnen umdrängen ihn und halten ihn zurück. Werde nun nicht sentimental, sagen sie, das Ganze ist ein abgekartetes Spiel, für naive, zartfühlende Gemüter berechnet. Es gelingt ihnen, ihn zu überreden, und einer der jungen Lebemänner trinkt auf das Wohl des Grafen, auf sein gutes Herz.

5. Im Zelt der Bande.

Ein Zelt. Im Hintergrunde ein Vorhang. Die Bande kommt herein. Miranda soll nun ihre Strafe erhalten. Der alte bucklige Teufel schleudert sie zu Boden und holt eine Peitsche. Miranda legt sich aufs Bitten, aber das grausame Weib prügelt sie durch. Und sie sinkt unter den Hieben zusammen. So wird sie mit Füßen in eine Ecke gestoßen auf etwas Stroh, das ihr elendes Lager bildet. Aber nun überlegt die Bande, ob sie nicht die lustige Gesellschaft zu einer Vorstellung im Zelt einladen können, wo dann Miranda tanzen soll. Der Zwerg wird abgesandt mit einer schriftlichen Einladung, die der Mann mit dem Stelzfuß (er hat vorläufig den Stelz-fuß abgeschnallt, und bewegt sich nun auf zweien) verfaßt hat.

6. Graf Moritz und seine Gesellschaft werden eingeladen.

Das Café von vorhin. Der Zwerg tritt herein und gibt die Einladung ab. Einer der Herren liest den andern lustig den Zettel laut vor. Er lautet: Hochgeehrte Baroninnen und Gräfinnen, Durchlauchte und Fürsten! Hierdurch beehren wir uns, die hohen Herrschaften zu einer priva-ten Vorstellung in unserm Zelt einzuladen. Miranda, die schöne Miranda, wird auftreten und ihre besten Tänze vorführen. – Der Zwerg Misra wird den Weg weisen.

— — — — —

Laßt uns gehen! schlägt Graf Moritz vor. Einer und der andere protestiert. Aber Graf Moritz will fort und die andern folgen. Die Diener bringen schnell die Mäntel der Herren. Sie beglei-ten den Zwerg hinaus.

7. Miranda tanzt.

Im Zelt. Das bucklige Weib zerrt Miranda von dem Stroh auf und instruiert sie drohend. Wenn du nicht tanzt wie eine Göttin, dann soll dieses sich hier in deine Rippen bohren. Sie zeigt dem zitternden Mädchen ein großes Messer. Inzwischen stellen der Atlet und der Violin-spieler Taburette auf. Die Bucklige gibt Miranda Branntwein, sie setzt dem unglücklichen Mädchen die Flasche an den Mund und zwingt sie zu trinken. Nun horchen die beiden Män-ner. Sie hören jemanden kommen. Da haben wir sie! sagt der Atlet. Miranda wird hinter den Vorhang geknufft. Der Violinspieler schnallt seinen Stelzfuß an und nun stehen alle drei und nehmen mit tiefen Verbeugungen die hohen Gäste in Empfang und weisen ihnen Plätze an.

Nun will der Atlet auftreten, aber die Gesellschaft protestiert laut und winkt ihn ab. Sie wol-len Miranda sehen. Heraus mit ihr. Der Vorhang wird weggezogen. Miranda steht auf einem niedrigen Podium. Sie tanzt. Der Tanz wird wie vorhin von Violine und Guitarre, gespielt von dem Stelzfuß und der Buckligen, accompagniert. Der Tanz endigt damit, daß Miranda auf die Kniee sinkt und ihre Arme flehend gegen das Publikum ausstreckt. Graf Moritz erhebt sich und will dem betrübten jungen Mädchen zu Hülfe eilen. Er ist überzeugt, daß sie keine Komödie spielt, sondern sich im Ernst mit der Bitte um Hülfe an sie wendet. Aber der Teppich wird schnell vorgezogen, und Graf Moritz Freunde halten ihn zurück. Sie bezahlten dem Pack etwas Geld für die Schaustellung und führen Graf Moritz mit sich hinaus. Das Pack betrachtet das Geld, das es empfangen und tanzt hüpfend umher in wilder Freude. Miranda kann für sie eine kleine Goldgrube werden.

8. *Geh dem jungen Herrn nach und sieh, wo er wohnt!*

Das bucklige Weib bekommt eine Idee! Der junge Herr, der sich erhob, ist ein gutes Opfer, denn er ist offenbar in Miranda verliebt. Nun erhält der Zwerg den Auftrag, sich der Gesellschaft nachzuschleichen und dem jungen Herrn zu folgen, um ausfindig zu machen, wo er wohnt und wer er ist. Der Zwerg begreift und eilt hinaus.

9. *Der Zwerg als Späher.*

Die Gesellschaft steht auf einem offenen Platz und diskutiert, was sie nun unternehmen wollen. Eine Karosse kommt gefahren und hält. Graf Moritz will nicht mitmachen. Nein, er ist müde und will nach Hause. Eine der Damen küßt ihn und will ihn überreden, aber vergebens, er ist standhaft. Die andern fahren davon und Graf Moritz grüßt und geht seiner Wege. Nun kommt der Zwerg hinter einer Ecke hervor und folgt ihm.

B. Der Graf bleibt am Eingang seines Schlosses stehen. Er läutet am Tor, das Tor wird geöffnet, und er geht hinein. Der Zwerg kommt hervor. Er betrachtet das Schloß. Aha, hier ist es also. Und nun eilt er davon.

10. *Die Bande heckt einen Plan aus.*

Das Zelt. Miranda liegt auf dem Strohlager unter ihrer Pferdedecke. Die Bande trinkt Schnaps und ratschlagt. Sie meinen, Miranda schlafe, aber sie lauscht den Worten, und ihr Gesicht drückt Entsetzen aus. Die Bande will den jungen Grafen nach dem Zelt locken und sie als Lockspeise benutzen. Das bucklige Weib geht zu dem Zweck fort.

11. *Die Kupplerin.*

Ein Zimmer im Palais des Grafen. Reichtum, Luxus, Rokoko. Der Graf geht in Gedanken. Nun setzt er sich. Ein Bild beschäftigt seine Phantasie und will ihm nicht aus dem Kopf: die jugendliche Tänzerin, die ihn um Hülfe anflehte. Er sieht sie vor sich, wie sie niederkniet und bittend die Hände ausstreckt.

Ein Diener kommt herein und meldet, daß eine bucklige Frau den Grafen zu sprechen wünscht. Ja, ja, sagt der Graf, laß sie kommen. Die Bucklige kommt herein, knixt und verneigt sich, nähert sich dem Grafen und zeigt ihm einen Schlüssel, indem sie ihm gleichzeitig erklärt, daß der Schlüssel zu dem jungen Mädchen führt, das die Ehre hatte, vor ihm zu tanzen. Der

Graf erhebt sich, Harm erfüllt seine Seele, er klatscht in die Hände, worauf zwei Diener hereinkommen. Der Graf befiehlt ihnen, die Kupplerin hinauszuwerfen.

12. *Die Flucht.*

Im Zelt. Die Bande hat sich voll Schnaps gesoffen, sie sitzen und schlafen. Die Bucklige kommt von ihrer mißglückten Sendung zurück. Ihr erster Gedanke gilt der Flasche, welche leer ist. Aber glücklicherweise hat sie noch eine Flasche versteckt und holt sie herbei. Die Hexe trinkt nun aus der Flasche und fühlt sich von Wonne durchschauert. Allmählich wird sie berauscht. Sie nähert sich Miranda, die auf dem Strohlager liegt und schläft. Die Hexe droht ihr, worauf sie sich niederlegt, um an der Erde vor der Eingangstür zu schlafen.

Nun lauscht Miranda, erhebt das Haupt und sieht umher. Ja, sie schlafen. Sie erhebt sich, nimmt ein Bündel, das unter dem Teppich gelegen hat, nimmt auch den Teppich und schleicht der Türe zu. Nun erwacht der Atlet, streckt sich und blickt stumpf um sich. Miranda sinkt zu Boden. Der Mann schläft wieder ein. Und Miranda steigt über die Hexe weg und verschwindet.

13. *Auf der Straße.*

A. Miranda hat sich in den Teppich gehüllt und geht in die Stadt hinaus. Wohin soll sie gehen? Sie bleibt stehen. Zwei halbbetrunkene Kavaliere kommen ihr entgegen. Ängstlich drückt sie sich an die Mauer. Die beiden Kavaliere bleiben stehen, halten sie für eine rechtmäßige Beute und wollen mit ihr abziehen. Ist sie nicht eine Kokotte, mit der sie tun können, was sie wollen? Miranda widersetzt sich, und es gelingt ihr endlich, sich loszureißen und zu entfliehen.

B. Eine andere Straße. Miranda kommt ängstlich fliehend um eine Ecke hervor. Jetzt kommt die Wache. Miranda bleibt ängstlich hart an einer Mauer stehen. Die Wache macht halt. Der Gefreite fragt sie, wer sie ist und was sie auf der Straße zu suchen hat. Miranda fleht ihn an, sie gehen zu lassen. Die beiden Kavaliere kommen herzu. Sie zeigen auf Miranda und bezeugen, daß sie ein leichtfertiges Weib ist. Die Wache packt sie und will sie fortschleppen. Sie fleht um Erbarmen.

14. *Eine rettende Vorsehung.*

Eine Portechaise wird von zwei Dienern getragen. Vorauf gehen zwei Fackelträger. In der Sänfte sitzt Graf Moritz. Er bemerkt den Vorgang, befiehlt den Dienern stehen zu bleiben und steigt aus der Portechaise. Miranda erkennt den Grafen und wirft sich ihm zu Füßen. Helft mir! Rettet mich! fleht sie. Der Graf richtet sie auf. Er umfängt sie schützend und sagt zu der Wache: für dieses Weib verbürge ich mich. Worauf er sie zur Portechaise führt. Die Wache zieht ab. Die Portechaise mit Miranda und dem Grafen wird fortgetragen.

15. *Im Schloß des Grafen.*

Das Zimmer von vorhin. Der Graf tritt ein mit Miranda an der Hand. Sie sieht umher, geblendet von aller Pracht und Reichtum. Der Graf führt sie nach dem Sopha. Miranda getraut sich kaum, sich auf den feinen Seidenplüsch zu setzen. Nun klatscht der Graf in die Hände und

G. W. in »Das fremde Mädchen«, Pantomime, Berlin 1911

119

»Das fremde Mädchen«, Pantomime, 1911

befiehlt dem eintretenden Diener Speise und Trank für das junge Mädchen aufzutragen. Miranda verbirgt das Gesicht in ihren Händen. Der Übergang von Entbehrung und Mißhandlung zu diesem Reichtum und Glanz macht sie verwirrt. Aber Graf Moritz ergreift ihre Hände und blickt sie lächelnd an. Du sollst nicht ängstlich sein, spricht er. Ich werde dich beschützen.

16. *Ein beneidenswerter Appetit.*

Zwei Diener bringen einen Tisch bedeckt mit Speisen und köstlichem Wein. Der Graf befiehlt ihnen, den Tisch vor Miranda aufzustellen, worauf sie gehen. Nun bedient der Graf sie, schenkt Wein ein und bittet sie zuzulangen. Miranda sieht die leckeren Speisen an, ihr Hunger ist groß, aber was soll sie wählen. Sie nimmt ein Kotelett mit den Fingern und ißt ohne jegliche Etikette drauf los. Der Graf amüsiert sich über ihren urwüchsigen Appetit. Prost! sagt er, und sie trinken. Und Miranda langt nun tüchtig zu; so hat sie noch nie in ihrem Leben gegessen. Der Graf schlägt die Hände zusammen und lacht herzlich. Miranda blickt ihn mit großen scheuen Augen an. Er lacht sie aus, amüsiert sich über sie. Plötzlich bricht sie in Tränen aus. Ihr Gemüt wird leicht verletzt. Der Graf vergißt seine Munterkeit, er tröstet sie, liegt vor ihr auf den Knieen, küßt ihre Hände und entlockt ihrem Antlitz ein Lächeln. Miranda schlingt ihre Arme um seinen Hals und küßt ihn. Dann verbirgt sie sich scheu und furchtsam im Sopha. Sie ist gleichzeitig ein Kind und ein Weib in plötzlichem Wechsel.

17. *Die lustige Gesellschaft.*

Nun stürmt die lustige Gesellschaft in den Saal herein, sie sind ausgewesen und haben sich amüsiert und sind vergnügt. Graf Moritz erklärt ihnen, daß er sich des armen Mädchens angenommen, und die Damen sind begierig, sie näher kennen zu lernen. Sie drängen sich um sie mit Fragen und Scherzen. Aber Miranda wird von Angst erfüllt wegen ihrer aufdringlichen Munterkeit und entzieht sich ihnen scheu. Kannst du mir wahrsagen, kleines Zigeunermädchen? fragt eine und streckt ihre Hände hin, und nun wollen sich alle wahrsagen lassen. Miranda sucht entsetzt Schutz bei Graf Moritz, der sie umarmt und die Damen bittet, sie zu schonen. Nun will die Gesellschaft, daß sie tanzen soll, und einer der Herren setzt sich ans Spinett und spielt. Bei der Musik erwachen Mirandas Sinne, ihr Gesicht wird wie von einem inneren Bilde gefesselt, und sie tanzt. Sie versucht beim Tanzen von ihrem elenden Leben, ihrem Herzeleid zu erzählen und zuletzt dem strahlenden Abenteuer, in welchem sie nun erwacht ist und das vielleicht nur ein Traum ist. Sie tanzt leidenschaftlicher und im Übermaß des Glückes, aber plötzlich ist es, als ob eine Ohnmacht sie erfaßt. Sie bleibt stehen, alles dreht sich um sie herum, sie fällt. Der Graf stürzt hinzu und fängt sie in seinen Armen auf und trägt sie fort nach dem Sopha. Und nun sagt er der lustigen Gesellschaft, es müsse genug sein. Auf Wiedersehen ein andermal. Und ein Paar nach dem andern tanzen die frohen jungen Bacchanten und Bacchantinnen hinaus, indem sie Graf Moritz Lebewohl zuwinken und Kußhände zuwerfen.

18. *Graf Moritz ist verliebt in die arme Zigeunerin.*

Die schöne Miranda liegt bleich auf dem Sopha. Graf Moritz steht vor ihr mit verschränkten Armen und sieht sie an. Ihre seltsame Schönheit fesselt ihn. Nun kniet er nieder und streichelt liebevoll ihre Hände. Sie erwacht, blickt verwirrt um sich, erhebt sich halbwegs. Wo ist sie . . . ? Wo sind alle die fremden Menschen . . . ? Graf Moritz nimmt ihre Hände. Sei nicht ängstlich, sagt er, du bist bei mir. Aber sie ist nur halb erwacht und duckt sich furchtsam zusammen, Graf Moritz geht zur Tür und gibt eine Weisung, und nun kommt die Altfrau herein mit einer Kappe auf dem Kopf und einem großen Schlüsselbund an einer Schnur um den Leib. Graf Moritz gibt ihr einen Auftrag, das junge Mädchen vertraut er ihrer Obhut an. Die Altfrau nähert sich Miranda, lächelt ihr entgegen, streichelt sie. Geh nun mit ihr, mein Kind! sagt der Graf. Du bist müde und bedarfst der Ruhe. Miranda geht mit der Altfrau hinaus, die mütterlich den Arm um sie legt.

19. *Ich bin gewiß gestorben und im Himmel.*

Ein Zimmer mit Himmelbett und seidenen Vorhängen. An den Wänden sind Gobelins eingelassen mit Copien nach Murillo und Raphael. Rokoko Ausstattung. Im Hintergrunde ein

»Das fremde Mädchen«, Pantomime, Berlin 1911

Fenster mit kleinen Scheiben. Miranda und die Altfrau kommen herein. Hier ist dein Zimmer, sagt sie. Nun werde ich dir neue anständige Kleider holen. Und sie geht. Miranda sieht erstaunt um sich, sie befühlt die Möbel und kniet vor den himmlischen Engeln und der Mutter Gottes auf den Gobelins und bekreuzt sich. Dies muß der Himmel sein. Die Altfrau kommt nun mit »anständigen« Kleidern, hängt sie über einen Stuhl oder Ofenschirm, worauf sie freundlich gute Nacht sagt und Miranda auf die Stirn küßt. Miranda zeigt auf das Bett und fragt, wozu das gebraucht wird. Und die Altfrau erklärt. Sie schüttelt bedenklich den Kopf, indem sie geht. Was ist das doch für ein Wesen, das der junge Graf protegiert!

Miranda sieht sich mit einer Art Mißtrauen das Bett an. Sie zieht es vor, sich auf dem Bärenfell vor dem Bett zur Ruhe zu legen, hier fühlt sie sich gleichsam besser geborgen.

20. *Miranda ist verschwunden.*

Das Zelt. Die Bande schläft im Rausch. Die bucklige Hexe erwacht, findet, daß Miranda fort ist und weckt die Übrigen. Großes Entsetzen. Beratung. Der Verdacht richtet sich alsbald auf den Grafen. Sie stürzen alle hinaus.

21. *Auf der Spur.*

Vor dem Schloß des Grafen. Die Bande kommt geschlichen. Es ist Mondschein. In einem

»Das fremde Mädchen«, Pantomime, Berlin 1911

Fenster ist noch Licht zu sehen. Nun stellt sich der Atlet unter das Fenster und reckt sich. Auf seine Schulter klettert die Bucklige und der Violinspieler oder der Mann mit dem Stelzfuß (jetzt ohne Stelzfuß) hebt den Zwerg auf ihre Schulter. Er reicht nun an das Fenster hinauf und sieht hinein. Ja, hier ist sie! sagt er. Ich sehe sie deutlich! Nun klettert er herab, und die Bande überlegt.

22. *Wieder in der Gewalt der Bande.*

Das Zimmer. Miranda liegt und schläft auf dem Bärenfell. Das Fenster öffnet sich. Der Atlet und die bucklige Hexe werden sichtbar. Miranda wird ergriffen. Sie öffnet entsetzt die Augen. Ein Sack wird ihr über den Kopf gezogen, ein Strick herum, und der Atlet trägt sie nach dem Fenster und läßt sie hinab.

23. *Ein neuer Plan.*

Das Zelt. Die Männer der Bande sitzen um einen hölzernen Tisch in der Mitte und diskutieren. Miranda liegt auf den Knieen im Stroh. Die Bucklige steht vor ihr mit einer Peitsche. Nun fassen sie einen neuen Plan, und der Violinspieler schreibt ein Billet, mit welchem der Zwerg fortgeschickt wird. Diesmal wird es wohl gelingen, den jungen Menschenfreund ins Garn zu locken.

24. *Graf Moritz geht in die Falle.*

Das Zimmer von vorhin im Schloß des Grafen. Der Graf geht erregt auf und ab. Die Altfrau, deren Pflicht es war, auf das junge Mädchen Acht zu geben, bekommt Schelte. Sie trocknet ihre Augen mit der Schürze. Geh, sagt der Graf und lasse mich allein. Er setzt sich auf einen Stuhl und sinnt.

Nun bringt ein Diener ihm ein Billet. Der Graf liest es, erhebt sich, überlegt was er tun soll. Das Billet lautet:

Hochgeehrter Herr. Meine Henker haben mich gefunden und mich weggeführt und mißhandeln mich schrecklich. Habt Erbarmen und kommt mir zu Hülfe. Für hundert Goldstücke wollen sie mich freigeben. Kommt nach der Hafenstraße und bringt die Goldstücke mit. Kommt allein, denn sonst werde ich erwürgt von meinen Henkern. Der Zwerg ist mir zugetan und wird den hochgeehrten Herrn erwarten.

Eure Sklavin Miranda.

Der Graf sieht ein, daß es eine Schlinge ist, entschließt sich aber doch zu gehen. Er nimmt Geld – einen Beutel mit Dukaten – aus einem Schrank mit sich, steckt auch eine Pistole in den Gürtel und geht. Den Brief läßt er auf dem Tisch liegen.

25. *Der Zwerg.*

Eine düstere Gasse. Der Zwerg steht und späht. Jetzt sieht er den Grafen alleine kommen und tritt hervor. Der Graf trägt einen Mantel und einen Schlapphut. Der Zwerg verbeugt sich und hält den Finger auf den Mund, indem er dem Grafen bedeutet ihm zu folgen. Durch eine düstere Gasse wird nun der Graf in eine niedrige Tür hineingeführt.

26. *Geht! Geht! Man will euch ermorden.*

Ein Zimmer durch einen Vorhang geteilt. Eine Tür führt in das Zimmer, das nur mit einem Stuhl und einem schiefen Tisch »möbliert« ist. Die bucklige Hexe instruiert Miranda, wie sie auftreten soll. Sie hält ein Messer in der Hand und droht sie zu erstechen, wenn sie nicht gehorcht. Miranda ist furchtsam und streckt abwehrend die Hände aus wie ein Kind, das Schläge befürchtet.

Nun kommt der Atlet schnaufend herein und meldet, daß der Graf im Fahrwasser ist. Er stürzt wieder hinaus. Die Bucklige zieht Miranda mit sich hinter den Vorhang. Kurz darauf tritt der Graf ein. Kaum ist er hereingekommen, so stürzt Miranda hervor und bittet ihn zu fliehen. Man will euch ermorden, schreit sie! Die Bucklige wirft sich über sie und will sie in ihrer Raserei töten, aber der Graf schleudert sie zur Seite und nimmt Miranda an sich, indem er gleichzeitig seine Pistole zieht. Nun will er mit Miranda zur Tür hinaus eilen, wird aber von zwei Seiten von der Bande angegriffen. Der Violinspieler kommt von hinten und reißt dem Grafen die Pistole aus der Hand. Der Atlet stürzt von vorne über ihn her. Miranda verteidigt ihn. Sie ist plötzlich wie ein Tiger, kratzt und beißt, aber die bucklige Hexe wirft sich über sie.

27. *Der Haushofmeister ahnt Unheil.*

A. Das Zimmer im Schloß. Der Haushofmeister, der den Grafen sucht, findet den zurückge-

»Das fremde Mädchen«, Pantomime, 1911

lassenen Brief und ahnt Unheil. Er ruft die Dienerschaft des Schlosses zusammen, zeigt ihnen den Brief. Sie beschließen, sich aufzumachen und ihren Herrn zu suchen.

B. Eine Straße. Sechs Diener mit dem Haushofmeister an der Spitze eilen vorbei. Sie alle tragen Fackeln und Knittel. Sie verschwinden um die Ecke.

28. *Der ausgeplünderte Graf, den die Bande für tot hält, wird hinausgetragen in die Steinbrüche.*

Der Atlet und der Violinspieler kommen geschleppt mit dem Grafen, der gebunden und geknebelt ist. Der Zwerg hüpft lustig hinterher. Die beiden legen den Grafen nieder. Der Atlet meint, es sei am besten, ihm einen Messerstich zu geben, falls er noch nicht ganz tot sein sollte, aber der Zwerg hat die Diener entdeckt und schreit auf. Die Männer verschwinden eilig.

29. *Miranda, die durch einen Messerstich tötlich verwundet ist, sucht Graf Moritz auf und ruft ihn ins Leben zurück.*

Der Steinbruch. Miranda kommt schwankend. Sie ist durch die bucklige Hexe verwundet und preßt die Hand gegen die Brust. Da erblickt sie den Grafen und kniet nieder und löst seine Bande. Sie hat seinen Kopf in ihrem Schoß und versucht, ihn ins Leben zurück zu rufen. Nach einiger Zeit erwacht er und blickt umher. Er ist jung und stark und ist im Stande, sich zu erheben. Sie wendet ihm ihr Antlitz zu und lächelt. Sie streckt ihre Arme nach ihm aus. Dann sinkt sie tot zurück.

30. *Miranda, ich liebe dich! Wach auf!*

Graf Moritz nimmt ihren Kopf in seine Hände. Er kann nicht glauben, daß sie tot ist. – Wach auf, sagt er. Wach auf, Miranda, ich liebe dich. Komm laß uns von hier fliehen. Aber nun sieht er zu seinem Entsetzen, daß sie tot ist. Er verbirgt das Antlitz in seinen Händen und trauert.

Nun kommen die Diener heran. In einem Halbkreise umstehen sie ihn und beleuchten mit ihren Fackeln diese Scene.

126

HUGO VON HOFMANNSTHAL AN GRETE WIESENTHAL

R. 26. X. 13

Gretl, wie ich in München war kam ein Brief, der war schon nicht mehr ganz frisch, den hatten Sie im September in Berlin oder in Nikolassee an mich geschrieben, und darin fragten Sie mich, ob durch Ihr Schweigen, Kein-Zeichen-geben in den Sommermonaten auf Ihr Bild ein Schatten gefallen ist. Auf Ihr Bild nicht, Gretl, niemals. Es stand, wenn es da war, völlig rein vor einem strahlend reinen Grund. Aber es ist damals ein Schatten gefallen – für eine ziemlich lange Zeit, auf mich, in mich hinein, oder zwischen uns beide hin. Davon will ich aber nicht schreiben, sondern wir sprechen einmal davon.

Greterl, ich hab Sie immer sehr lieb. Und ich bin einmal so wie ich bin. Ich kann gleichgiltig sein, oder lieb haben, dazwischen bleibt mir nichts. Wo ich lieb habe, da wirds mir nicht leicht. Das Schöne ist nie das Leichte. Ich gebe mich her und weiß nicht wie – und ich will mich hergeben, und will mich auch behaupten. Ich will nicht halten und muß doch – will gewähren lassen und muß doch im andern mich selber suchen – und doch: ich, der andre – im Grunde ists ein drittes, das ruft und dem ich folgen muß – ich bin leicht zu entzücken und leicht zu verletzen – ich bin schnell im Spiel und kann mich nie und nimmer herausziehen – ich kann mich auch nicht flüchten, nirgendhin, denn meine Kunst ist eine Flamme die von der Luft des Lebens atmet, da muß die Tür immer offen sein. Ich habe mit neunzehn den »Tor und Tod« gemacht und mit 39 ein Märchen von einem König, der lebenden Leibes zu Stein wird – also nehmen Sie mich wie ich bin und haben mich ein bisserl lieb.

Ihr Hugo.

MAX LEHRS: ERLKÖNIGS TOCHTER

Ein regnerischer, kühler Aprilabend. Die vorzeitig angezündeten Glühbirnen der Schaufenster spiegeln sich bei Einbruch der Dämmerung mit gelben und weißen Reflexen auf dem nassen Asphalt der belebten Geschäftsstraße. Ich schiebe mich, in Erledigung meines täglichen Bewegungpensums und den aufgespannten Regenschirm durch die vielköpfige Menge balancirend, an den Häusern hin. Da fällt mein Blick auf den hellerleuchteten palastartigen Eingang eines beliebten Lichtspieltheaters; und aus dem Tagesprogramm leuchtet mir der Name »Grete Wiesenthal« lockend entgegen. Mein Gott: schließlich ist man ja auch nur ein schwacher Mensch! Ich lasse mich also verführen, zahle meine fünfundvierzig Pfennige und trete, noch halb mit anderen Gedanken beschäftigt, ein. Der kleine dienstfertige »Beu« (ich erlaube mir diese Eigenbildung nach Analogie der modernen Kriegsverdeutschungen: »Schofför«, »Büro«, »Keks« oder »Kuhsine«) weist mir mit seiner niedlichen Blendlaterne den Weg durch das dunkle Labyrinth der Schaulustigen.

Es blieben mir einige Minuten Zeit, mich zu sammeln, da mehrere »aktuelle« Programmnummern noch der Erledigung harrten. So sah ich denn in aller Geschwindigkeit die Bergung

Verwundeter durch Schneeschuhtruppen auf dem westlichen Kriegsschauplatz, die Besetzung einer französischen Stadt, Kapitän Weddigens letzte Ausfahrt aus dem heimathlichen Hafen, eine Straßendemonstration in Athen und die Bismarckfeier in Berlin. Dann erschien das Personenverzeichniß zu »Erlkönigs Tochter«, phantastischem Schauspiel in drei Aufzügen, verfaßt und inszenirt von Stellan Rye mit Grete Wiesenthal in der Titelrolle.

Eine weiche, süß-schmelzende Musik setzt ein, leise zitternd wie das Grillengezirpe in Reinhardts Sommernachtstraum, und staunend sehe ich vor mir auf einer weiten Waldwiese in schemenhaften Umrissen, die sich bald auflösen, bald verdichten, den Geist Grete Wiesenthals, umwallt von nebelartigen, im Abendwind flatternden Schleiern. Sie tanzt in seliger Weltvergessenheit wie ein elbisches Wesen, körperlos und ohne Erdenschwere. Aber schon ist der Zauber zu Ende und der Zuschauer sieht sich unsanft in die rauhe Wirklichkeit einer braven Familie aus besseren Kreisen versetzt. Dort lauscht in Gegenwart der hochgräflichen Eltern ein eleganter junger Mann dem Klavierspiel seiner Braut. Dann verläßt er den Gartensaal, sie folgt ihm: und in zärtlichem Geflüster verlieren sich beide in den Laubgängen des herrschaftlichen Parkes. Aber der junge Graf scheint mit seinen Gedanken durchaus nicht bei der Sache zu sein. Er entwindet sich der Umarmung seiner Braut und verschwindet durch die Allee des Parkes, um sich auf einer entlegenen Waldlichtung am Fuß einer mächtigen Erle zu lagern. Traumverloren sitzt er dort und sieht plötzlich, wie sich aus dem nahen Schilf Erlkönigs Tochter in lichten Umrissen löst und immer körperlicher, von durchsichtigen Schleiern umwallt, auf ihn zutanzt. Mit schmeichelnden Bewegungen und mit jenem seligen Ausdruck, der nur den Zügen Grete Wiesenthals eignet und der ein merkwürdiges Gemisch von Tod und Verklärung zeigt, nähert sie sich dem einsamen Jüngling, zieht ihre Kreise enger und enger und spinnt, verheißend und gewährend, unlöslichen Zauber um ihn.

Die erläuternden Zwischenworte lassen erkennen, daß man ein Wiedersehen verabredet; und deshalb benimmt sich der junge Graf, als er ins Schloß seiner Väter zurückgekehrt ist, noch nervöser und verstörter gegen Komtesse Ebba als vordem. Die Braut erschrickt, die Eltern ahnen nichts Gutes. Richtig: der offenbar hochgradig neurasthenisch veranlagte Jüngling giebt keine Ruhe, bis er wieder unter der Erle auf der Waldlichtung sitzt und dort sehnsuchtvoll der Tochter des Erlkönigs harrt. Wieder tönt die süße Musik und wieder nähert sich das Elfenmädchen vom Schilf des Sees her. Stürmischer wird ihr Liebeswerben, enger ihre Umschlingung; und beim Abschied (hier unterbricht das Plakat: »Schwöre mir, nie zu heirathen« unsanft die Stimmung) beißt sie den Geliebten, damit er seines Schwures gedenke, ins Handgelenk.

Von diesem unseligen Augenblick an ist er ihr mit Leib und Seele verfallen. Entsetzt betrachtet er die brennende Wunde, läuft athemlos durch die langen Alleen des Parkes heim und findet keine Ruhe mehr, weder bei seiner Braut noch bei den hochgräflichen Eltern. Er will sich erschießen, läßt aber willenlos den Revolver fallen, als er durchs Fenster die Gestalt seiner holden Verfolgerin sieht. Beim Kartenspiel im Familienkreis, am Schachbrett mit Komtesse Ebba, immer erscheint ihm lockend und winkend die Erlenprinzessin. Er sucht sie stets von Neuem im sonnendurchflutheten Birkenwald, wo sie ihn von Baum zu Baum lockt, um ihm immer wieder zu entfliehen oder in Nebel zu zerfließen, ein Märchenspuk, wie er entzükkender und greifbarer von keiner Kunst dargestellt werden kann. Sie schwingt sich, an dem weitausgreifenden Ast eines Baumes hängend, von silbernen Schleiern im Winde umflattert, neckend auf und ab, mit einer Anmuth und Zartheit der Linien, wie sie nur im Feenland und nur bei Grete Wiesenthal möglich sind.

Der Hochzeitmorgen bricht an. Am Parkthor sammeln sich die Lieferanten, denen galonirte Diener und Mädchen Waaren und Geschenke aller Art abnehmen. Auch der junge Graf erscheint, in kleidsamem Sportanzug mit Schillerkragen, und schlendert ein Stückchen die Straße hinauf. »Und wo er ging und wo er stand«: belehrt uns das Zwischenplakat. Er begegnet einer Bauersfrau mit ihrem Hundekarren, will ihr Etwas abkaufen, aber sie schiebt ihr Kopftuch zur Seite: und entsetzt erkennt er sein Elfenliebchen. Verstört rennt er ins Schloß zurück, läßt sich von Komtesse Ebba zu einem Spazirgang an den See überreden; aber eben da die Beiden einen Kahn vom Ufer lösen, um hinauszurudern, steigt das Trugbild der lachenden Schönen geisterhaft aus der flimmernden Wasserfläche empor. Wieder stürzt er fort und kommt athemlos in ein abgelegenes Wirthshaus gelaufen, in dem allerlei verdächtige Gestalten beim Wein sitzen. Die Wirthin bringt ihm zu trinken und ein Zigeunermädchen tanzt vor ihm in wildem Wirbel, bis er auch in ihr seine Verfolgerin erkennt. Auf der Flucht fragt er einen Jungen, der auf dem Rücken seines Pferdes am Busch hält, nach dem Wege. Der zieht grüßend zum Abschied den Hut und die langen Haare Grete Wiesenthals flattern aufgelöst um das wohlbekannte Gesicht. Am Flußufer holt er den Fährmann aus seiner Hütte, damit er ihn hinüberrudere. Aber auch der gebückte Alte wirft, als sie im Kahn sitzen, seine Kutte ab und giebt sich als Erlkönigs Tochter zu erkennen. In namenloser Angst springt er ins Wasser, erreicht das Ufer, schwingt sich unterwegs auf ein bereitgehaltenes Pferd und jagt nach dem Schloß.

Kurz vor dem Hochzeitmahl, dessen Tafel zahllose Diener und Mädchen decken, erwacht er auf seinem Bett, wo er offenbar Stunden lang tief erschöpft geschlummert. Der Diener, der ihm beim Ankleiden behilflich ist, bemerkt dabei das Wundmal am Handgelenk seines Herrn. Der würgt ihn, von neuen Gewissensbissen gepeinigt, und jagt ihn davon. Inzwischen ziehen die Hochzeitgäste, deren etwas fragwürdige Eleganz durch ein wohlerwogenes Dämmerlicht dem Zuschauer gnädig verborgen bleibt, unter den Klängen des Tannhäusermarsches ein.

Vor dem Schloß (Das ist wohl das reizvollste Intermezzo) tanzt auf blumiger Wiese Erlkönigs Tochter. Sie richtet sich in ihren weißen Schleiern geisterhaft an der hohen Balustrade der Terrasse empor und schwört dem Ungetreuen, wie mittenhinein in Riesenschrift zu lesen, »Rache«. Noch einmal verläßt der junge Graf, wie von einer unsichtbaren Macht gezogen, den Hochzeitsaal. Der besorgte Vater folgt ihm auf die ahnungvolle Terrasse. »Mein Sohn, was birgst Du so bang Dein Gesicht?« Damit unterbricht das Plakat die Filmhandlung; und eine offenbar den gebildeten Kreisen angehörige Dame in meiner Nähe, die ihr Lichtlein auch im Dunkeln leuchten lassen muß, flüstert der Nachbarin zu: »Von Goethe!«

Inzwischen ist die Hochzeit in ein vorgeschrittenes Stadium getreten, der Brautkranz wird ausgetanzt und die heirathfähigen jungen Mädchen umringen das Paar. Der Graf wiegt sich mit seiner legitimen Braut auf weichen Walzerklängen. Da schiebt sich plötzlich, den erschrockenen Gästen unsichtbar, Erlkönigs Tochter an die Stelle der Braut: und er tanzt mit ihr zum Entsetzen der Hochzeitgesellschaft weiter, hinaus durch die Thür, die zur Terrasse führt. Draußen stürzt er über die Balustrade hinunter; und an deren Fuß finden ihn die aus dem Tanzsaal nachgeeilten Gäste. Die unglückliche Braut und ihre hochgräflichen Schwiegereltern beugen sich in stummem Schmerz über den (selbstverständlich) Toten.

Das Spiel ist aus. Wieder setzt das Gezirp der Heimchen und Grillen mit seiner süß-schmelzenden Musik ein; und auf der grünen Waldwiese tanzt in verschwimmenden Nebelschleiern der Geist Grete Wiesenthals.

Wie aus einem Traum erwacht, verlasse ich das Lichtspieltheater und trete, den Schirm aufspannend, hinaus in den plätschernden Regen der abendlich erleuchteten Straße. Der Kopf ist mir wirr und betäubt von dem kinematographischen Durcheinander seltsamer Eindrücke. Mehr- oder minderwerthige Schauspielerei, aufdringliche Theatereffekte, Erklärungen in Plakatform, wie sie als Kapitelüberschriften eines Hintertreppenromans vielleicht am Platz wären, entzückende Landschaftbilder, Abendstimmungen von größtem Reiz und das Alles durchsetzt von dem unsagbaren Zauber der sieghaften Anmuth Grete Wiesenthals, deren Kunst auch das schlechthin Banale und Kitschige adelt. Nicht nur, wo sie sich selbst im Tanze zeigt, sondern auch sonst erkennt man in der Inszenirung des Dramas überall ihre ordnende Hand, ihren unfehlbaren Geschmack und jenen künstlerischen Takt, mit dem sie selbst da die Situation beherrscht, wo die ihr zur Verfügung stehenden Kräfte der Mitspieler und des Kinos überhaupt versagen. Ich hatte Das schon einmal vor Jahren als stiller Gast einer von der leibhaftigen Grete Wiesenthal geleiteten Probe zu bewundern Gelegenheit gehabt, wo sie, von einem Winkel der Bühne in den anderen hüpfend, den widerstrebenden und ganz unzulänglichen Schauspielern eine Stellung, eine Bewegung vormachte, so ausdrucksvoll und überzeugend, daß Keiner ihrs nachzuthun wußte. So mochte es auch bei diesem Film zugegangen sein.

Aber hier lagen unleugbar künstlerische Möglichkeiten für das bisher von mir immer nur sehr skeptisch betrachtete Kino verborgen. Wer würde je die Tänze der lebendigen Grete Wiesenthal auf einer Wiesenfläche im Winde, zwischen den weißen Stämmen eines Birkenwaldes, auf dem flimmernden Wasserspiegel zu sehen Gelegenheit gefunden haben, ohne die Vermittelung des Kinos? Einmal war mir ein ähnlich starker Eindruck geworden, als Clotilde von Derp vor geladenem Publikum auf einer Rasenfläche mit dunklem Tannenhintergrund tanzte und nach den Nachtschmetterlingen haschte, die sie, vom Licht der Scheinwerfer angelockt, umflatterten. Hier jedoch war die Wirkung noch größer, phantastischer. Nur schade, daß ein so tiefer künstlerischer Eindruck durch so viel unkünstlerische Zuthaten zerhackt und gestört werden mußte, daß man keines dieser unvergeßlichen Bilder ungestraft auskosten, keines ganz genießen durfte, mit einem Wort, daß immer und immer wieder das Unzulängliche Ereigniß wurde!

Widerstrebend ward man stets daran erinnert, wie dieser Film entstanden sein mußte, und je mehr ich darüber nachdachte, desto deutlicher ward mir, daß schließlich die ganze Kinodramatik nach einem Rezept zusammengebraut sei, an dem auch der persönliche Geschmack und die Phantasie einer Künstlerin vom Range Grete Wiesenthals nichts zu ändern vermögen. Ich möchte es etwa so formuliren: Man nehme eine alltägliche Geschichte, womöglich in höheren Kreisen spielend, löse vorsichtig die Charaktere aus den handelnden Personen, thue einige

Diener in reicher Livree, einige sauber gekleidete Dienstmädchen mit koketten Schürzen dazu und menge Alles gut durcheinander. Dann gießt man eine oder zwei Tassen kräftiger Aktualitätbouillon darüber, thut einige Löffel vornehmer Gesten hinzu, mehrere gutsitzende Fracks und einen geladenen Revolver, das Gelbe einer Wagner-Oper (etwa den Brautchor aus Lohengrin) und das Weiße mehrerer bekannter Gedichte von Goethe, Heine oder Eichendorff für die erläuternden Zwischenworte. Nachdem man das Ganze dann einige Zeit auf dem Feuer der Spannung hat dünsten lassen, giebt man eine Sauce von Sentimentalität dazu, garnirt es mit mehreren berühmten Künstlernamen, erotischen Scherzen, verliebten Küssen und einem Rand von Rührung und Ewig-Weiblichem, um es so noch warm dem p. t. Publikum zu serviren.

Aber je älter der Mensch wird, um so mehr ist er geneigt, dankbar das Bischen positiv Schöne entgegenzunehmen, das ihm ein neidisches Schicksal vergönnt. So auch ich. Im Grunde meines Herzens dankbar, hatte ich die sonst von allen Musen und Grazien gemiedene Stätte des Eilgenusses verlassen und immer sah ich im Geiste noch die Waldwiese vor mir, über die mit leichtbeschwingten Füßen Grete Wiesenthal in wehenden Schleiern dahintanzte. Es ist wahr: ich hatte mich an diesem Abend über Vielerlei geärgert; aber nach vierundzwanzig Stunden saß ich doch wieder andächtig zu den Füßen von Erlkönigs Tochter.

RAINER MARIA RILKE

FÜR GRETE WIESENTHAL

Oft bricht in eine leistende Entfaltung
das Schicksal ein, des Blutes stilles Gift:
wir aber rühmen Herzen, deren Haltung
die Stunde der Zerstörung übertrifft.

Marien-Herz, verkündigtes, du glühst
scheinender auf in diesem Zeitenwinde.
Du blindgeweintes. Doch um solche Blinde
geräth der ganze Raum ins Schaun und grüßt

das reine Ding, das dauernder erbaute,
die eingewendete Figur . . .
da ordnet um das eine Angeschaute
sich neu die plötzlich schauende Natur.

(am 3. Januar 1915)

131

G. W., Zeichnung von Erwin Lang, 1907

132

E. v. SCHMIDT-PAULI: GRETE WIESENTHAL

Aus den geöffneten Toren des Wintergartens strömt eine Lichtflut in das Schneetreiben der Nacht.

Der junge österreichische Offizier hat seinen Pelzkragen nur instinktiv hochgeschlagen, denn er fühlt die Schneeflocken nicht, die ihm der kalte Wind ins Gesicht fegt, er sieht die Menschen nicht, die um ihn herum ins Freie hasten und drängen. Er geht wie im Traume.

Er hat den Winter vergessen und den Krieg, und es ist ihm, als wandle er wieder über eine wunderschöne, blühende Wiese, irgendwo im Wienerwald, so zwischen Meyerling und Heiligenkreuz. Hellblaue Blumen lächeln aus den Gräsern, eine Kirsche senkt ihre rosige Last hinab zu einem klaren Bache, aus dem Walde grüßt das Singen und Lachen wandernder Menschen, und nicht weitab hämmern acht lustige Hufe die weiße Straße in rasendem Takt, während der Wagen auf lautlosen Pneumatiks dahinfliegt und eine feine Staubwolke den Weg des Fiakers in die Abendluft zeichnet.

Drüben aber, hinter den Bergen, die violett werden in der sinkenden Sonne, immer tiefer violett, dort weiß er, wartet seiner der alte Steffel, wartet die Stadt der Lieder, das liebe Wien . . .

Der junge Offizier hebt den Kopf und sieht sich plötzlich zwischen den verschneiten Bäumen des Tiergartens.

»Warum«, denkt er, »warum sehe ich den Wienerwald so deutlich heute, da ich Grete Wiesenthal tanzen sah. Ist es vielleicht, weil wir beide Kinder derselben Heimat sind, oder weil ich weiß, daß sie morgen schon dort tanzen wird, im alten Wien, während ich hier im Norden, von meinem alten Kaiser entsandt, bei meinen deutschen Brüdern arbeite für mein Vaterland?

Das aber kann es wohl nicht sein, denn viele Leute sah ich schon nach Wien fahren und hatte ihn doch im Kriegslärm schon ganz vergessen, den Wienerwald und seinen Frühling.

Etwas ganz Besonderes und gar Liebes ist es mit diesem Frühling. Vielleicht können nur wir das verstehen, die wir dort geboren sind, dort, wo die sehnsüchtigen Weisen des alten Johann Strauß zuhause sind und die sanfte Schwermut der Wiener Lieder. Und einer ist noch dort zu Hause – Franz Schubert! – –

Wie ein Lächeln unter Tränen ist dieser Frühling des Wienerwaldes, wie das Lächeln von . . .

Und nun weiß ich, wer mir das heimatliche Bild geschenkt hat. Ihr *Lächeln* war es, das wie aus leiser Wehmut geborene Lächeln Grete Wiesenthals – – das über allem schwebt, was sie tanzt . . .«

Noch ein anderer ist traumverloren heimgegangen vom Tanze der Wiesenthal. Ohne Pelzkragen, denn er hatte keinen – und wenn er einen hätte, er würde es sicherlich vergessen haben, ihn hochzuschlagen – ein junger, deutscher Dichter.

Der aber hat also leise zu sich selbst gesprochen:

»Du bist sehr seltsam, Grete Wiesenthal. Ein tanzendes Irrlicht könnte man dich nennen oder eine zarte Wolke, die leicht und weiß dahinfliegt über die Gipfel blauer Berge.

Aber das ist nicht alles, was man von dir sagen könnte.

Denn aus allem, was tanzt, spricht eine verhaltene Innigkeit. Eine tiefe Keuschheit ist gebreitet über allem, was du tanzt. Du lässest deine Seele leuchten in deinem Tanz.

Und es ist eine wundervolle, jungfräuliche Seele, die da leuchtet. Vielleicht ist es auch die Seele einer jungen Mutter, die der Welt etwas schenken will. Denn du willst etwas verschenken in jedem Tanze, dich selbst willst du schenken in jedem Tanze.

Am schönsten aber bist du vielleicht, wenn du die Schwingen deines Tanzes sinken läßt, wie ein müder Vogel. Dann ist etwas Kummervolles um dich. Als klagten deine Augen: ›Ich habe alle eure Schmerzen erlösen wollen zu etwas Lichtem und Leichtem. Doch sehet – ich vermag es nicht.‹

Etwas Rührendes ist dann um dich – Grete Wiesenthal . . .

Und da meine Liebe dir solches gesagt hat, darf sie auch streng sein und gerecht. Denn alle wahre Liebe ist hart und fordert viel.

Nicht alles, was ich heute sah, war gut!

Manches möchte ich missen um dich herum im *Brauttanz* von *Schubert*, manches anders sehen. So die Gewänder der Dienerinnen, den ganzen Rahmen deines Tanzes, zarter müßte das sein und schöner, wie eine lichte Vorbereitung für das Kommen der Braut. Missen möchte ich die Hilfe der Freundin. An deinem Antlitz hängen, deinen Gebärden, die in das Mysterium der Braut geleiten, sieht man sie kaum. Eben dieses ›kaum‹ kann aber störend sein. Missen möchte ich sie, so freundlich sie auch war.

Und dann tanztest du zur *Ungarischen Rhapsodie*. Bildhaft schön das fast jungenhaft dunkle Kleid mit den bunten Bändern gegen das Weiß des Hintergrundes. Reizend der lebende Tanz, tollen Übermutes voll. Aber letzten Endes war es doch ein jungfräulicher Tanz, entfernt von dem Blut *ungarischer* Rhythmen, in denen die Glut des Tokayers lebt, die Sporen der Reiterstiefel klirren, wie beim Csàrdàs, entfernt von wilden Ritten, blühender Leidenschaft – und jener schweren Melancholie des ritterlichen Volkes der Ungarn.

Und Vater Liszt hätte sein weißes Lockenhaupt geschüttelt. Es war ein Ringen mit einer anderen Welt, keine Erfüllung.

Verliere dich nicht, du Erfüllerin!

Ein Kritiker, der ein Dichter ist und Großes von dir prophezeit hat, hat einmal von dir geschrieben: ›Enttäusche mich nicht, Grete Wiesenthal!‹

Ich möchte dafür setzen: Enttäusche deine eigene Seele nicht!

Denn sie ist ein kostbares und feingeschliffenes Gefäß mit eigenem Klange. Dieser Klang aber ist nicht aus der Welt ungarischer Wildheiten.

Aus einer anderen Welt sind er und du. Du bist wie eines jener Brautlieder Friedrich Rückerts. Über die Schulter von Robert Schumann könntest du gesehen haben, da er diesem Liede eine Stimme verlieh aus dem klingenden Reichtum seiner deutschen Innigkeit. Ich weiß, Meister Schubert hätte dich freundlich angesehen durch die große Hornbrille mit seinen gütigen Augen.

Und einer lacht wohl aus vollem Herzen, wenn du seine Walzer tanzt, der alte, ewig junge Vater Strauß! . . .«

Sie liegen beide längst im Schlafe – der junge Offizier und der junge Dichter. Sie träumen. Und in die hellhörigen Ohren der Nacht klingt ihr Traum wie ein leises Lied.

»Ich möchte dich führen, Grete Wiesenthal« – so hebt der erste Traum an zu singen – »in die großen Säle, wo sie liegen Bett an Bett, die für ihr Vaterland geblutet haben und nun schweren Herzens der Genesung harren. Dorthin möchte ich dich führen. Du aber müßtest durch ihre Reihen wandeln, als ob du tanzen würdest. Und lächeln – wie du lächelst, wenn du tanzt.

Sie aber würden wohl alle ihrer Schmerzen vergessen und denken, ein gütiger Frühling sei gekommen«. . .

»Ich möchte dir« – so singt der andere Traum – »einen weißen Tempel bauen, Grete Wiesenthal, in einem stillen Wiesengrunde, von Bergen feierlich umschlossen. Viele junge Dienerinnen in weißen Schleiern müßten um den Tempel sein und eine schöne, stille Musik. Dann würdest du aus diesem Tempel treten in weißem Gewande, einen grünen Kranz im Haar. Und es würde alles ein tiefes Neigen sein, dich zu grüßen.

Und du würdest tanzen. Vielleicht, daß ein unsichtbares Orchester Schumanns ›Glückes genug‹ erklingen ließe.

Alles Volk aber würde zusammenlaufen und ehrfürchtig flüstern:

›Seht, wie sie tanzt. Sie will uns ihre Seele schenken im Tanz. Sie will uns erlösen von allen Schmerzen, sie will uns glücklich machen.‹

Wenn aber die Schwingen des Tanzes sich schließen, wie erschöpft und kummervoll – dann wird ein Murmeln durch die Reihen gehen: ›Wir danken dir, wir danken dir, – du Freundlichste unter allen, die da tanzen . . .‹«

»Ungarische Rhapsodie« von Franz Liszt, 1911

136

»Ungarische Rhapsodie«, New York 1912

137

FRANZ BLEI: DIE SCHÖNE UND DAS TIER

Ein Tanzgedicht für Grete Wiesenthal

Vor den dunkelgrünen Schleiern des Vorhangs heben unsichtbare dreißig Musikanten ihren Blick zum Dirigenten, und eine leise Musik beginnt auf den gestrichnen Instrumenten, wie zitternde heiße Luft über den Wiesen am Mittag zur panischen Stunde sinkt, senkt sich tiefer zu den Holzbläsern, den braunen dunkeln des schwül dämmernden Waldinnern, wo es nach Harz und Moder und heißem Blut der Zeugung riecht und die Welt so in ihr Inneres eingeschlossen scheint, daß man Lerche im Morgen bezweifelt, Tau auf den frühen Wiesen nicht glaubt und dichten Schnee des Winters nicht, denn es kocht stockend in den Sinnen. Keine Stimme löst sich aus dem Chor des Orchesters, kein Melos artikuliert sich, kein Individuum tritt hervor; ein schwerer Rhythmus des Blutes herrscht, nun, da sich die grünen Seiden alle gehoben haben und das Dunkel des Waldinnern vom einzig Sichtbaren erhellt wird: einem Stück ganz reinen Blaus, hineingerissen in das schwarze Blattdickicht der rückwärts einschließenden Baumwipfel. Hügelig steigt dahin zu der Boden auf, daß man den braunen Hügel des schlafenden Tieres wie für jeden andern hielte, bewegte er sich nicht in leiser Atmung.

Da fliegt, leise schwirrende Peitsche der hinaufeilenden, in Harfenstakkati sich verspritzenden Geigen, durch das blaue Loch – dieses Fenster der äußern geordneten hellen Welt – in dieses sinnlich brütende Dasein, fliegt der runde verirrte Reif ins Dunkle und fand hüpfend und rollend Ruhe noch kaum, da sich auch, o schüchtern tastende Pausen der Musik, die Büsche der Rückwand bewegen, raumschaffende Hand sichtbar wird, zagender suchender Fuß des nun herein sich beugenden Mädchens, der unschuldig weißen Schönen. Klangen im springenden Reif die harmlosen Takte des kindlichen Reigens, so fallen nun allsofort die Schauer des dunkeln Unbekannten auf diese wenigen Takte des spielerisch hüpfenden Motivs des Mädchen-Kindes, nun, da es in das Abenteuer seines Weibtums eintritt und die gebreiteten Büsche sich fangend und haltend wieder schließen. Und also beschwert, versucht es den Tanz vorigen Lebens, aber doch fühlend in Fuß und Knie, o fremder ungebahnter Boden, das Dunkle dieses doch zu beherrschenden Bodens. Die Schöne tanzt den Tanz der Kindheit noch, aber nicht mehr wie noch da draußen vor kurzer Weile sich selber zur Lust und harmlosem Ergötzen, sondern wie ein Halbfremdes schon, das verschwindet, weil es nah daran ist, bewußt zu werden. Als ob die Flügel des Tanzes, die solche des Schmetterlings gewesen waren bisher, nun die schwereren Flügel des Vogels geworden wären. Ich bin gewachsen, tanzt das Mädchen, mir wuchsen stärkere Flügel, ich bin stark, sie zu bewegen, nicht trägt mich mehr bloß der Wind.

Da rührt ihr Fuß, da fällt ihr Blick – beides angezogen von der atmenden zentralen Wärme des dunkeln Ortes – auf den einen sich leise bewegenden Hügel des noch schlummernden Tieres. Etwas lebt da, erstaunt, erschrickt die Pirouette. Soll ich es wecken? Weck ich mir ein Ungeheuer auf, das mich verschlingt? Erwacht mir ein Spielgenosse? Willst du, wirst du mit mir spielen? fragt die Schöne und fragt die Musik mit dem heitern Motiv des Reifenspieles, das nun etwas forciert kindlich klingt und lustig, um das kleine Grauen zu verdrängen, das der

»Der verzauberte Wald«, Slavische Tänze von Antonin Dvořák, mit G. W. und Toni Birkmeyer, 1922

Schönen über den Rücken läuft. Es fragt die Musik und der Tanz fragt es, beides kokettierend mit einer Einfachheit, die in Altersjahre zurückgeht bis in eine Vorbackfischzeit der Schönen, da sie noch zu allen Du sagte und längst schon weiß, daß man meist zu allen Sie sagt. Doch nicht lange währt dieser versuchte Ton.

Denn da spricht das Tier – spricht es im Traume? Und seine Stimme ist so schwer und tief, daß aller forcierten Reigenlust des Brüderchenspielens, dieses doch als vergeblich gewußten Vorschlages, gleich der Mut fällt, die kleinen hohen Pikkoloflöten den Atem verlieren, die Oboen erschreckt verstummen und der kindliche Rhythmus etwas armselig verkümmert vor der Cellokantilene des Tieres, das sein großes Menschenauge aufschlägt wie eine Welt, darin sich die eben noch Spiel spielende Schöne erblickt mit abgefallenen Armen, zurückgeworfenem Kopf und weichenden Knien. Nun erst dichtet sich in dieser einen Kantilene von acht Takten, was im Vorspiel brütendes Wogen war, zu dem Einzelwesen des männlichen Motivs, da sich das Tier auf die Hände richtet, nun ganz sich erhebt und in der Pause, die nur der Herzschlag taktiert in Triolen mit fehlender Mittelnote, die Schöne noch nicht erlebt, noch nicht erkennt, nur ansieht, bis sich sein starrender Blick in ein Lächeln löst, das aus dem ganzen Gesicht, aus der zurückgenommenen Brust, aus den offnen Händen strahlend sagt: die im Traum Erwartete und Geschaute ist gekommen.

Ist sie wirklich? ängstet sich plötzlich das Tier und will sich mit Greifen und Halten überzeugen. Schwankend macht es die ersten Schritte auf die langsam nach rückwärts weichende, doch vorwärts auf das Tier schauende Schöne zu, der das große Lächeln etwas von der Angst genommen hat. Die Schöne sich zu fangen, ist nun des Tieres erst schüchternes, dann kühner werdendes Bemühen, doch unvertraut mit solcher Beweglichkeit, geraden Weg gewohnt, verschlungenem zu folgen ohnmächtig, wird das tanzende Tier der Schönen bald Erheiterung, und was Flucht erst, ist nun Spiel mit dem Verfolger. Was würde sein, ließe ich mich fangen? fragt sich die Schöne, läßt den Verfolger ganz nah kommen, daß sie den heißen Atem spürt, ganz nah, dann noch näher – und nun ließ sie sich wahrhaft fangen, um allsofort zu entschlüpfen, nicht ohne aus der ersten Berührung ein Gefühl angenehmen Grauens mitzunehmen.

Sei zarter, tanzt sie nun ihm vor, sei gelehriger, hebe den Fuß vom Boden, denn fliegen mußt du, um mich zu fangen, darum hebe den Fuß! Sie findet den Reifenstab, den zuvor im Schreck entfallenen, und schlägt, treibt, peitscht das lachende Tier damit. Nun hält sie den Stab hin, daß es darüber springe – hoppla, vor und zurück! Nun geh auf den Vieren, du Plumpes! Denn nun kommst du in Joch und Fessel. Da liegt der Reif. Den bekommt das Tier um den Arm. Die Bänder am Reif sind das Leitseil. Der Stab meine Peitsche, mein Pferdchen! Nun mach ich mit dir, was ich will, sagt die Schöne in einer herrischen Marschmelodie kurzen Taktes, denn nur wenige Schritte macht das gebändigte Tier – da zerbricht es den Ring, zerreißt die Bänder, springt auf, groß, glühend, selber befehlender Herr nun. Ganz anders klingt jetzt der heftige Marsch, da die herrischen Hörner sich mengen zu den vorigen Hölzern und Streichern, und die Violinen laufen schon über den kurzen Rhythmus hinaus, dehnen die Melodie, zerfließen in Begehrenssehnsucht, und halb sinkend, gezogen halb liegt da die Schöne am Leibe des Tieres, der sich wie ein Mantel der Nacht um sie schlägt. Hoch oben stehn die Geigen, und in der Tiefe ist der Marsch eingeengt in kurz stoßende Rhythmen eines Tanzes, den die beiden nun auf der Stelle tanzen, bewegt, doch nicht vom Orte sich rührend, nicht zwei mehr, sondern ganz verschlungene Eins.

In die tiefe Monotonie dieser Takte klappert beim zwölften Taktschlag Geräusch im Orchester, das knöchrige Xilophon gemengt der blitzenden Triangel, denn der Spottvogel flog aus dem Blauen herein, sieht, lacht und versucht die Entzauberung durch sein zynisches Wissen um Lauf und Leben der Liebe. Er springt vom Ast, auf den er sich erstlich schwang, auf den Grund, daß für einen Augenblick die kleinen Flügel seiner Schultern sich heben, die Elsterflügel, scheckig in Schwarz und Weiß. Harlekin ist er, aber auch Tartüff; der Verführer, aber auch der Weise; der Betrüger, aber auch der immer Betrogne. Und er springt seinen hellen, überdeutlichen, spottenden, klugen, entfaltenden, entblößenden Tanz um das verkettete Paar, das sich wiegt und vergißt – er tanzt das melancholische Erwachen aus dem Rausche, er parodiert die Verzweiflung der Verlassenen, er parodiert die Vergeßlichkeit des Verlassenden. Er tanzt sein Wissen um die Einsamkeit von Mann und Frau und vom Krampfe, der sie zu einer Zweisamkeit ineinanderstürzen und sich immer wieder trennen läßt.

Aber das Schicksal des Mädchens vermochte der Spottvogel nicht aufzuhalten, das sich nun vollendete in der Umarmung. Das Tier entsinkt ihr in trunkener Erschöpfung auf den Rasen, holt sich den Atem zurück, sein Dasein zurück. Und die Schöne gewahrt erschreckt den Spötter und merkt, daß sie nackt ist. Wie schmerzlich ist nun ihr Gang in Trunkenheit und Scham, da sie Laub von den Bäumen bricht, ihre vermeinten Blößen zu decken! O des klagenden schwermütigen Liedes der Musik, in dem noch das Seufzen der Sinne stöhnt und das Verlangen weiterglüht! Der Spottvogel selber erschauert und vergißt seine spottende Klugheit, sein ironisches Nachwissen, um seiner Weisheit willen. Und nimmt der Schönen die verhüllen sollenden Zweige ab. Unbedeckt bist du schön! Wovor bangt dir? Schmück dich mit Rosen! Und schon bricht er Blüten und schmückt die Schöne. Da erwacht auch das Tier, staunt, sieht, begreift und eilt, Blumen zu brechen, die Schöne zu schmücken. Nun zurück in die Welt, sagt die Geste des Spottvogels. In die Welt, deren Herrin du nun sein wirst. Den Mächtigen wirst du beherrschen. Der Dieb wird stehlen um deinetwillen, der Mörder morden um deinetwillen. Totschlag wird sein um deinetwillen. Du bist die Frau nun. Zieh ein in dein Reich. Und wie in Magie öffnet sich der dichte Busch in die helle Welt, daß ein scharfer Schein daraus in das Dunkel bricht, der das Tier erschreckt zum Taumeln bringt, zu Boden wirft, denn das Ungezähmte muß hier bleiben. Der Triumphmarsch hebt an. Und die Schöne hebt stolz und hoch den Fuß. Der Spottvogel gestikuliert wie ein Zeremonienmeister. Über diesem Einzug in die Welt fällt langsam der Schleier.

G. W., Dresden 1912

142

ALFRED ROSENZWEIG: GRETE WIESENTHAL IM HEUTIGEN WIEN

»Ja, sie verzehrt sich im Tanze, ihre Freude ist gleichbedeutend mit Schmerz, so daß der Tanz einen tragischen Widerschein über ihr herrliches Gesicht wirft, das auch dann noch anmutig ist, denn sie hat gar nichts Krampfhaftes, sondern auch in Ekstase und Tod die reine, heitere Lyrik eines fröhlichen Bereit- und Befreitseins.«

Hans Brandenburg

Unberührt vom Wandel der Zeiten ist Grete *Wiesenthal* nach Wien zurückgekehrt. Als ob um sie eine unsichtbare Glaskugel wäre, die alle äußeren Einflüsse von ihr abgehalten hätte. Für sie hat das tänzerische Weltbild sich nicht geändert, seit ihrem frühlingshaften Aufstieg, da sie von der Wiener Oper weg in die große Welt gezogen war, um sich einen Platz an der Sonne zu erobern. Die Menschen, die sich einst an ihr und ihren Tanzschöpfungen begeisterten, sie wirken heute fast greisenhaft gegenüber der Fülle des Neuen, Zeitgeborenen, das sie geflissentlich übersehen – das Antlitz Grete Wiesenthals mit seinem bezaubernden Lächeln strahlt aber in ewiger Jugend. Gleich unwirklichen Schemen sind an ihr die tänzerischen Ereignisse der Zeit vorübergeglitten. Seit ihrer eigenen Revolution gegen das alte Ballett hat nichts den Frieden ihres Tänzertums gestört. Diese Erschütterung des Alten genügte ihr, um ihre historische Mission zu erfüllen: *die letzte und höchste Vergeistigung des Kunstwalzers.*

So sind ihr die neueren tänzerischen Systeme, die rhythmische Gymnastik zur Voraussetzung haben, fremd geblieben. Nach wie vor steht sie auf der Basis des von gewissen erstarrten Elementen befreiten klassischen Balletts. Für rhythmische Gymnastik hat sie nur ein sanftes Lächeln übrig, wie der gütige Philosoph, der gefragt wurde, wie man weise werde und der da antwortete: »Man wird nicht weise, sondern man *ist* es.« Vom abstrakten Tanze, sei er nun musiklos, oder mit Geräuschinstrumenten begleitet, meint sie nur, ohne dessen Berechtigung zu verleugnen, daß er in Ausdrucksgebiete führe, die ihr wesensfremd seien.

Dies glauben wir gerne. Denn Grete Wiesenthals Heimat ist Wien. In ihrem Tanze atmet die Seele der Wiener Landschaft, lodert das Sinnlich-Triebhafte, schwingt das unbewußt, gleichsam aus der Improvisation Geborene mit, das aller spezifisch österreichischen Kunstäußerung, der produktiven wie der reproduktiven, bis zu einem gewissen Grade eigen ist: *sie ist eine Tänzerin des Südens.*

Süd und Nord, sie haben in ewiger Fortspinnung der Gegensätze der Kunst aller Zeiten ihr unvergängliches Siegel aufgedrückt, von den zeitgenössischen Antipoden Palestrina und Orlandus Lassus, den Organisten des 17. Jahrhunderts, Froberger im Süden und Scheidt, Schildt, Scheidemann, Praetorius und Siefert im Norden, der heiter unbeschwerten Homophonie Scarlattis, des Vaters der neapolitanischen Schule und der gedankentiefen Polyphonie Bachs, bis auf den heutigen Tag. Denn trotz aller internationalen Nivellierung in der Kunst sind noch nicht alle Grenzen gefallen, und scharf hebt sich beispielsweise von der reichsdeutschen Orchesterpsyche der im Norden undenkbare sinnlich-berückende Geigenglanz und die federnde improvisationshafte Leichtigkeit im Zusammenspiel der Wiener Philharmoniker ab.

So auch im Tanze. Aus welcher anderen Landschaft hätten derartig wundervolle tänzerische Instrumente, wie die Mädchenkörper des Wiener Opernballetts, hervorgehen können, an der

Spitze eine Tilly *Losch*, die in der unbegrenzten Fülle ihrer körperlichen Möglichkeiten das erlesenste Material in der Hand eines großen Tanzregisseurs ist?! – Eine reichsdeutsche Tänzerin tanzt eine Fuge von Bach: aus den Rhythmen erblühen die tänzerischen Keimformen, und bald wird in strenger Ausdeutung das polyphone Linienwerk der Musik in das Reich des Körperlich-Sichtbaren beschworen. Anders die Wienerin Grete Wiesenthal: sie wird nicht von der Struktur der Fuge *unmittelbar* ergriffen, sondern ihr Wesen saugt die Schwebungen des musikalischen Verlaufs in sich ein, sie tanzt die Fuge von Bach aus der Stimmung eines einzigen hellseherischen Momentes heraus, in dem *das Werk als Ganzes* ihrer Innenschau sich darbietet. Hier steht wieder nordische Reflexion gegen südliche Triebhaftigkeit.

In der Schule, die Grete Wiesenthal gemeinsam mit Toni *Birkmeyer*, dem Solotänzer der Staatsoper, auf der Hohen Warte eröffnet, wird sie den Unterricht des von Birkmeyer nach den Grundsätzen des klassischen Balletts vorgeschulten Tänzermaterials leiten. Ihre Stunden will sie kraft ihrer eigenen künstlerischen und menschlichen Faszinierungsgabe zu Feierstunden gestalten. Aus dem Getriebe des Alltags wird die Schüler zuerst ein feierlicher Tanz – sie hat hiezu ihren »Schattentanz« aus Glucks »Orpheus« gewählt – in die hochgestimmte Sphäre des von ihr beherrschten Raumes hinüberführen und – ich will nichts weiter verraten, als daß ihr Unterricht ganz aus dem Unsagbaren erwachsen soll, das als Fluidum von ihrer bezaubernden Persönlichkeit ausstrahlt.

Dies soll schlechthin keine Apotheose auf die wienerische Note dieser Schule sein. Im Gegenteil: wir wünschen uns, daß innerhalb des heutigen Wien, das die wundervollen Gebilde des neuen tänzerischen Geistes nur wenig und indirekt, in vielfach verzerrten Spiegelbildern kennt, Grete Wiesenthals Schule die Stätte sei, wo das *im besten Sinn Wienerische* gepflegt und gehegt werde, jedoch nicht mit dem Beigeschmack eines das Gesichtsfeld verengenden Lokalpatriotismus, sondern ständig bereit, sich mit dem neuen tänzerischen Weltbild zu vermählen, das auch einmal über unserem Himmel in voller Reinheit sich enthüllen wird. *Die Mission der neuen, von ihr geleiteten Schule liegt demnach nicht in der ballettmäßigen Vor- und Ausbildung jungen Anfängermaterials, sondern in der künstlerischen und geistigen Vervollkommnung modern geschulter, schon zu selbständigem Fühlen, Wollen und Wissen herangereifter Tänzernaturen,* die im Vorbild ihres elementaren Künstlertums den geläuterten traditionellen Unterbau ihrer tänzerischen Ausdrucksmittel erleben und sich zu eigen machen wollen. Denn erst die große Synthese der noch heute disparaten Kräfte wird die sehnsüchtig erwartete Hochblüte des modernen Kunsttanzes auslösen. Dieser den Weg zu bereiten, müßte für Grete Wiesenthal Krönung ihres Lebenswerkes bedeuten.

»Argentinischer Tango«, mit Toni Birkmeyer, 1928

»Argentinischer Tango«, 1928

146

GRETE WIESENTHAL: SPHÄRISCHER TANZ (EIN VORTRAG)

Es ist nun soweit, daß ich die Folge tänzerischer Übungen, die mit der Zeit an den immer höheren Forderungen sich entwickelt haben, die meine tänzerische Phantasie an die Formkraft stellte, jetzt geordnet den jungen Tanzfüllen an die Hand gebe.

Es sind rein tänzerische Exercitien, die den Weg zum Ziel des Kunsttanzes, insbesondere des künstlerisch getanzten Walzers, ebnen sollen. Ich sage, insbesondere des Walzers deswegen, weil ich gerade in meiner Bemühung um ihn, auf das Schwingende, schwebende Element im Tänzerischen geführt wurde; wobei die äußerste Möglichkeit der Stabilität erforscht und erfahren werden mußte, was eben dann zu diesen Exercitien führte.

So ward eine Bewegungsfolge geschaffen, die die größte Forderung an das Gleichgewicht stellt, nämlich die: bei der größtmöglichen Ausladung und Ausschwingung des Körpers nach allen Seiten, in der Horizontale, in schwierigen Kreuzlagen, gerade diese Stabilität zu erreichen, die in dieser Lage noch möglich ist. Zum Unterschied z. B. zu einer anderen rein tänzerischen Technik, der Ballettechnik, die ihre Bewegungsfelder und Drehungen hauptsächlich aus der Achse, gerade, vertikal entwickelt.

Der ganze Übungskomplex zur Erreichung dieser äußersten möglichen Stabilität besteht aus einer Folge von Balance- und Schwungübungen, im Besonderen basierend auf dem Federn und Schwingen in den tieferen Knielagen.

Um nun mit Hilfe dieser Technik die letzte Freiheit und Schönheit des gewollten Ausdrucks der Bewegung zu erreichen, ist neben der zu Grunde liegenden tänzerischen Begabung viel Geduld und Bemühung des Studierenden notwendig.

Aber auch die leichte Folge der Übungen, die denen genügen, die nicht die letzte Virtuosität anstreben, die nicht die Teufelsbrücke höchster Anforderung überschreiten wollen, auch diese Übungen bergen in sich die ihnen eigentlichen Schwierigkeiten. Um Ihnen dies klar zu zeigen, will ich Ihnen durch eine der Schülerinnen eine dieser leichten Übungen vorführen. Es ist eine einfache Drehübung – »Einfach« in zweifacher Bedeutung. Denn das was bei dieser Übung an technischem Können verlangt wird, stellt sie, im Vergleich zu anderen Übungen, auf eine weniger hohe Stufe. Doch das Wort »einfach«, verstanden als ein Resultat der Wahl und Wertung, nämlich aus der Mannigfaltigkeit der Bewegungsmöglichkeiten die wesentlichste und vollkommenste Bewegung herauszudestillieren und diese sich anzueignen, das stellt schon gewisse Anforderungen an den Lernenden und damit steht diese Übung auf einer höheren Stufe.

No 1 (Vorführung des leichten Walzersprunges)

Vielleicht werden Sie trotz dem, was ich vorher sagte, erstaunt sein, daß diese so selbstverständlich scheinende Drehung schwer sein soll. Und doch werden die meisten sich plagen müssen, bis sie das zuviele rechts und links Neigen des Kopfes überwunden haben und schließlich die Haltung des Kopfes wie in einer Gloriole gebannt ist und so frei schwebend sphärisch sich einfühlt in den Raum.

Gerade bei dieser Übung ist es allen Schülerinnen sehr wichtig geworden, diese Haltung des Kopfes zu erreichen, und so kam es, daß im Eifer des Lehrens und Lernens ich einmal beschwörend ausrief: »Achtung Kinder auf den sphärischen Kopf«. Darauf war natürlich großes Gelächter, aber von da an datiert es, daß die Folge der Übungen einen gemeinsamen Namen hatte und einfach die »sphärische Technik« genannt wurde. Es wurde weiter nicht untersucht, wieviel Sinn und Unsinn in dieser Bezeichnung lag – da sie ja so lebendig mitten aus dem Lehren und Lernen uns entgegengesprungen war.

Und jetzt will ich Ihnen eine Reihe von Übungen aus dem großen Komplex der Übungsfolge herausgreifen und vorführen lassen. Beginnend mit den leichten und sich steigernd zu den größten Schwüngen, die in ihrem Bemühen, sich wie frei schwebend im Raum zu halten, vielleicht ein wenig den Namen »sphärische Technik« erklären können.

Vorausschicken will ich, daß dieser meiner Übungsfolge das alte Ballettexercise an der Stange zugrundeliegen soll, und überhaupt, daß die Ballettechnik bei mir als zweite Technik gelernt werden muß. So wie auch ich einmal sie lernte, bevor ich von ihr mich trennend meinen eigenen Weg ging, und so auf die dazu notwendigen Exercitien kommen mußte.

Folge der Übungen
Balance Übung No 1
Balance Übung No 3 (Wein Weib Gesang)
Drehung in tiefer Knielage No 1
Drehung in tiefer Knielage No 2 mit geschlossenen Knien
Drehung in tiefer Knielage No 3 mit zurückgebeugtem Körper
Drehung in tiefer Knielage No 4 mit zurückgebeugtem Körper und erhobenen Armen
Übung No 3 und No 2 verbunden, Teil aus einem Tanz zur Musik Millöcker.
Schwingendes Drehen im Walzerrhythmus – Schwünge leichter Kategorie
No 1 Mit entfaltetem Rock
No 2 in der Horizontale
No 3 ohne Rock – »sphärischer Kopf«
No 4 mit geworfenem Rock
Tschinellenetüden mit leichtem Sprung – Erste Kategorie
No 1 gesprungen nach vorne
No 2 gesprungen nach der Seite
No 3 gesprungen nach der Seite in Kreuzlage
No 4 gesprungen nach der Seite im Kreis
Die großen Schwünge
No 1 Amazonenschwung
No 2 Schwung im Kreuz mit geschlossenem Knie
No 3 Gekreuzter Schwung
No 4 Gekreuzter Schwung
No 5 Schwung mit gerader Entfaltung der Arme
No 6 Schwung mit den Tschinellen
No 7 Schwung mit der Vogelschwinge
No 8 Der große Schwung
Große Tschinellenetüde, Teil aus einem Tanz

148

Übungsfolge No 2

Armübung mit Durchschwingen des ganzen Körpers und Nachschwingen der Füße zum Boden zurück.

Drehungen im Knie
No 1 Drehung in tiefer Knielage mit geschlossenen Knien – gerade Haltung
No 2 Drehung in tiefer Knielage mit geschlossenen Knien – bewegte Haltung.

Jetzt übergehe ich eine Anzahl wichtiger Übungen in den Knielagen, in gestreckter Haltung im Ausfall u.s.w. und wende mich gleich den komplizierteren und nur zu der Folge meiner Übungen gehörenden Schwungübungen im Knie zu.

Schwingendes Aufdrehen und Abschwingen in halber Knielage
(Vorführung dieser Übung)

Diese Schwungübung ist zugleich auch eine Spannungsübung, denn die Schönheit der Bewegungen liegt im richtigen Aushalten der Spannung, nämlich: aus der Spannung, die der wirbelnde Aufschwung erfordert, ohne Stockung hineinzugleiten in die Auflösung der halben Knielage.

Und da kommen wir jetzt, wie ich meine, zu dem Wesentlichen und Schönsten in der Tanzkunst überhaupt – das Verwerten der Spannung in den Auf- und Abschwung, aber nicht im rein expressiven Sinn – sondern in der großen geführten Bewegung im Raum.

Ich will Ihnen am Beispiel erklären, was ich meine mit rein expressiv – am Platz ohne Fortbewegung tänzerisch im Raum.

(Vorführung)

Jetzt bitte diese Spannungsbewegung weiter geführt im Raum.

(Vorführung)

In diesen Spannungen liegen eigentlich auch die wesentlichsten Schönheiten des künstlerisch getanzten Walzers – und dort auch der Grund des Versagens heute noch fast aller, die einen Walzer tanzen, ohne sich die Mühe genommen zu haben, lernend, arbeitend in diese Kunstart einzudringen.

Allerdings ist das, was so beschwingt sich ansieht und manchmal dem Zuschauer, der keine akrobatischen Künste dabei bemerken kann, so »leicht« vorkommt, sehr schwer und nur mit Hingabe und Fleiß zu erlernen.

Aber der getanzte Walzer ist gerade das, was wir als unser Gut zu dem Fest der Völker mitbringen, wo jedes seine ihm eigene Schönheit erweisen soll.

Der Walzer als Tanzkunstwerk, dessen Musik ja hier in Österreich, in Wien gewachsen ist und dann in allen Ländern als besonders reizvolles Musikgebilde enthusiastisch aufgenommen wurde.

Es war vielleicht ganz natürlich, daß man ihn zuerst rein als Musik empfing und genoß und daß das, was man so gerne zu ihm tanzte, nur dem einfachsten rhythmischen Gehalt des Walzers entsprach, aber all der Schönheit und dem Reiz, der in ihm lag, noch nicht ein Gleichwertiges im Tanz erstand. Es mußte sehr viel Zeit wieder vergehen, bis aus der großen Tanzbewegung unserer Zeit der Walzer nun auch als Tanzkunstwerk geboren wurde.

Aber heute, glaube ich, wäre es nun an der Zeit, daß man hier in Wien den Walzer als Tanzkunstwerk tanzen und verstehen lernt. Daß auch das Publikum nicht nur an den wenigen, die ihn tanzen können, sich erfreut, sondern daß es durch seine Freude zu einem besseren Verstehen dieses Tanzes sich entwickelt und so durch sein Verstehen der Forderung, wie der Walzer richtig getanzt werden soll, mitwirkt, dieses Kunstgut eines Landes zu schützen und mithilft, daß es immer schöner und lebendiger aufblüht. Und daß es auch versteht, daß gerade in der Schwierigkeit, ihn richtig tanzen zu können, sein Schutz liegt, daß er nicht degeneriert zum Kitsch.

Daß ich selbst noch immer den Walzer als Kunstwerk den Wienern und Österreichern predigen muß, statt daß ich schon solche sehe, die vielleicht als Walzertänzer über sich hinauswachsen – das liegt vielleicht begründet in unserer Zeit, die eine große Tanzbewegung geschaffen hat und damit auch eine Reihe von Tanzpersönlichkeiten hervorbrachte, denen es aber ferne lag, im Walzer für das einen Ausdruck finden zu können, was ihr Wesen war, die aber mit ihrer Art die Zeit sehr beeindruckten.

Vielleicht ist aber jetzt, gerade da ich dieses Lehrgut vielfach erprobt als Ganzes der Öffentlichkeit übergebe, auch die Zeit gekommen, da diese heranreifen, die sich zu dieser Tanzkunst hingezogen und berufen fühlen. Vielleicht!

Und so übergebe ich diese Technik, die helfen soll, dem Beschwingten, Schwebenden in der Tanzkunst zu dienen, denen, die bereit sind, sich das Schöne an ihr, ehrfürchtig sich bemühend, anzueignen.

»Schwingen im Licht«, nach Johann Strauß, Accelerationen-Walzer, 1924

MAX MELL: DIE ERSTE VORSTELLUNG DES »BLAUEN BIENENKORB«

(Raimunds »Gefesselte Phantasie« im Komödienhaus)

Wir haben endlich wieder ein Ereignis im künstlerischen Leben Wiens, von dem gesprochen werden kann. Es ist endlich wieder etwas an bodenständiger, edler Bühnenkunst bei uns hervorgetreten. Es zu schaffen, haben sich drei Künstler zusammengeschlossen, *Grete Wiesenthal*, Karl Etlinger und Franz Höllering. Sie haben sich als ihre erste Unternehmung eine Aufführung der »Gefesselten Phantasie« von Raimund vorgenommen und mit Andacht und Arbeitsfreude haben sie etwas an Lebendigkeit und Frische ganz Ungewöhnliches geleistet. Etlinger und Höllering aus sicherster Kenntnis des Bühnenwesens, Julius Bittner mit volkstümlichen Weisen voll Behaglichkeit und seiner melodramatischen Untermalung, Franz Wacik mit reizvoll märchenhaften Bühnenbildern, und Grete Wiesenthal – ja, Grete Wiesenthal mit dem Jubel geistiger Hochstimmung, der ihr erstes Auftreten als Schauspielerin zu einer Offenbarung gemacht hat.

Zunächst: was Raimunds Werk heute auf dem Theater sein kann, ist hier gegeben worden. Eine behutsame Änderung hat vor allem die ideale Griechenwelt aus dem Antiken in etwas Reizend-Blumenhaftes, Wiesenhaftes umgedeutet. Die sinnigblühende Zauberinsel blickt uns aus riesigen Blumenaugen an; nicht im Meer liegt diese Insel, sondern wie auf dem Erdgrunde zwischen Halmen und nickenden Blumen im Wienerwald; und die phantastischste Szenerie ist im Munde einer Orchidee aufgeschlagen. Oder es sind die Kernpolster einer übergroßen Sonnenblume als Fenster praktikabel gemacht, und die Gesichter der beiden bösen Zauberschwestern (die Vipria, Anna Höllering, besonders wildglühend, von eigensten, dämonischen Energien getrieben) blicken draus hervor, in diesem Rahmen von besonders nachdrücklicher Mimik. Bei Raimund belauschen sie als Statuen, aber das gleichgültig Antike mit dem Blumenhaften zu ersetzen ist unbedingt zu billigen, trifft ganz den Sinn des alten Volkstheaters und unterstützt den Eindruck des Lieblichen, Duftigen, das diese Zauberspiele uns bedeuten. Daneben die reale Welt, das Stückel Wien mit Wirtshausrummel und seinem rabiaten Volkssänger; ein Ausschnitt aus dem dämmerigen Büfettraum in den beleuchteten Gasthaussaal hinein: das wirkte mit seiner Guckkastentechnik so reizvoll wie ein altes gestochenes Bild aus dem Altwiener Leben, doch ganz ohne absichtsvolle Anlehnung, rein als vorzügliche Lösung nach Theaterbedarf. Und hier im Helldunkel wirkte das Auftreten Nachtigalls (Karl Etlingers) ganz ergreifend: was da vorging, war wirklich ein Lebendigwerden, Gestaltwerden echten Wiener Elements. So oft wird es uns angeboten und bleibt kraftloser Versuch. Dieser Darsteller des Volkssängers rief es auf. Gemischt mit den zu spaßhaften Dingen befähigenden Zügen auch ein cäsarischer Zug, mit dem gemütlichen ein freventlicher; – wer unser Volk kennt, kennt diese Mischung – alle Weingegenden haben sie – in seinen Charakterköpfen. So war dieser Volkssänger prachtvoll lebendig.

So viel von den Gestalten der idealen und der realen Welt, die lustig gemischt werden, aber über ihnen gibt es noch eine Gestalt in diesem Stück: die Phantasie.

Grete Wiesenthal gab sie; nie haben wir auf dem Theater noch ein Wesen gesehen, das in so unbeschreiblichem Abstand von den anderen, von der Körperwelt überhaupt, ein Unirdisches, rein Seelenhaftes so klare Erscheinung werden läßt. Zunächst scheinen es die Merkmale anderer Kunstübung, wohl gar die zu Anfang ungenauer artikulierende Sprache zu sein, die sie in einer eigenen Sphäre hielte. Tänzerische Bewegung scheint sie unablässig zu durchfluten, naturhaft, wie ein Element; von dem unfaßbaren Halt scheint sie, den der Regenbogen hat; wo er fußt, ist unergründlich, aber alles hält er unter seinem milden Schein. Und das ist es: dieses Überallemsein einer geistigen Kraft sinnfällig zu machen, ein so unendlich seltenes Ding ist die Gnade und die Tat Grete Wiesenthals in dieser Rolle. Die Qual, die der Phantasie mit der Fesselung angetan wird, hat Grete Wiesenthal mit einer so unerhörten inneren Kraft gegeben, daß es einem die Tränen in die Augen treiben mußte. Ihr Gebet um Befreiung wurde zu einem herrlichsten tragischen Augenblick; unvergeßlich der beschwörend-vorwurfsvolle Leidenston in dem Wort »Vater«; unnachahmlich der Jubelschrei der Freiheit; die ganze Szene in vollkommener Beherrschung aller Mittel, die erschütternden Ausdruck eines traumhaft Geistigen geben. Unsere Zeit treibt allenthalben das Äußerste und Höchste aus allen inneren Beschaffenheiten an die Oberfläche; und so ist hier ein beispielloses Sichklarwerden der Seele Ereignis geworden. Davon geht weckende, gläubigmachende, hochreißende Kraft aus, und man fühlt, warum Grete Wiesenthal die Phantasie spielen mußte.

Das war das eigentlich große Ereignis des Abends; Grete Wiesenthal hatte ja auch wirklich nichts Geringes unternommen und gewagt. Und doch, das ist das Wunderschöne daran, und darum geht es auch mit solch reiner Wirkung ins Gemüt, bleibt es in voller Einheit mit der übrigen Vorstellung. Von der untersten, der derbkomischen Stufe, bis zur höchsten, zartesten, traumhaftesten ist dieser Aufführung der harmonische Aufbau eines Bildes der Welt geglückt, und darin hat sie ihre Vollkommenheit. Aber mußte das nicht erreicht werden, wenn Künstler, echte, wirkliche, am Werke sind?

»Rosenkavalier-Walzer« von Richard Strauss, Marschallin, 1918

HUGO VON HOFMANNSTHAL: ERINNERUNG AN GRETE WIESENTHAL

Eine Stadt mag noch so groß sein, sie wird fühlbar ärmer durch den Weggang eines besonderen Individuums. So ist Wien durch das Weggehen der Wiesenthal fühlbar ärmer geworden. Es ist gleichsam hier ein Licht verloschen, dessen Leuchten von vielen Tausenden ohne viel Nachdenken zu dem allgemeinen Licht dieser Stadt gerechnet wurde, während vielleicht hundert oder zweihundert Menschen diesem Licht nahe genug waren, um nun für einen ganzen Bereich ihres Lebens einen Mangel an Erleuchtung und Erwärmung zu fühlen.

Das Wegziehen manches bedeutenden Künstlers, eines Malers, eines Schriftstellers, eines Componisten, hätte gewiß in diesem Sinne ungleich weniger bedeutet; auch eine große Schauspielerin wäre von dem Publikum dieser Stadt leichter entbehrt worden. Man ist gewöhnt, daß diese Wesen in dem großen, vielstädtigen deutschen Kulturgebiet ihren Aufenthalt wechseln und man genießt die Stärke der Nation, die sich in diesem Wechsel ausspricht. Aber die Gegenwart der Wiesenthal war für Wien mehr und einzigartiger, als die Gegenwart welches Künstlers oder welcher Schauspielerin immer. Man glaubte sie mit uns verwachsen; jedenfalls waren wir es mit ihr und sie konnte sich nicht losreißen, ohne daß in uns eine Fiber zerriß.

Das, was von Petersburg bis Madrid an ihren Tänzen, an ihrer mimischen Person gefühlt und bewundert wurde, für uns war es das Heimatliche, das Unsere. Wo alle Welt sich mit dem Aug' und dem Ohr erfreute – denn ein so ganz aus der Musik geborenes Tanzen muß mit einem hörenden Aug und einem sehenden Ohr empfangen werden – für uns kam doch noch eine ganz andere Ursache des Entzückens ins Spiel. Unser Eigenstes, das volkshafte Geheimnis, wie es vor hundert Jahren und vor fünfzig Jahren in Schuberts Liedern Melodie und in Strauß' Walzern Rhythmus geworden war, hier wurde es noch einmal Erscheinung, gebunden in der geistig-sinnlichen Erscheinung der Tänzerin – wurde es bewegtes Bild, schwebende Gegenwart – es wurde nicht Wort, wie in den Gebilden eines großen volkstümlichen Lyrikers – aber mehr als Wort, es sprach das schlechthin Unsagbare aus, die geheime Formel der eigenen Sehnsucht und ihrer Erfüllung. Nichts daran war fremd, alles war nah. – Wie sollten wir so Großes, in der kleinen Gestalt einer tanzenden Frau, verlieren können, ohne ihr nachzutrauern – und wie hätten wir es verlieren können außer an das Land, in dessen vitalem Zauber wir, trotzdem halb Europa zwischen uns liegt, so viel Sympatisches und Verwandtes spüren?

»Rosenkavalier-Walzer«, Octavian, 1918

GRETE WIESENTHAL AN HUGO VON HOFMANNSTHAL

Stockholm, 10. I. 1925
Runebergsgatan 6

Lieber Hugo!
So schön haben Sie es gesagt, so liebevoll gütig im Erinnern und verschwenderisch gebend –
ich freute mich so über alle Maßen über Ihre Gabe, war so entzückt so tief berührt und danke
Ihnen so sehr dafür.

Ich möchte Ihnen gerne erzählen von meinem Leben hier in einem fremden Land – es ist ja
heute vielleicht nirgends mehr fremd und besonders nicht in den europäischen Städten, aber
wenn man im reiferen Alter einwurzeln soll in einem fremden Land so ist das doch eine beson-

dere Sache. Entweder muß es eine große menschliche Beziehung sein, die einem zu diesem Wagnis verführt, oder ein besonderes Arbeitsfeld für das, was man meint wirken zu können. In meinem Fall war es das Erstere – und so könnte ich wahrscheinlich gleichsogut am Nordpol selbst sein, die Aussichten für ein Arbeitsfeld dürften wahrscheinlich dort auch nicht geringer sein, als meine hier in Stockholm. Also lernte ich kennen, was es heißt, nicht gehätschelt vom gewohnten Milieu, die Dinge, die Ereignisse, Menschen aus sich selbst zu betrachten, zu erleben und das scheint mir, nachdenklich betrachtet manchmal schwieriger als ich vorher denken konnte, aber dabei lernt man seine eigene eitle Person besser kennen, bemüht sich wahrhafter zu forschen, als es sonst vielleicht möglich gewesen wäre. Neuland wird auf diese Weise entdeckt – was man damit beginnt – wird man erst später wissen. Und so habe ich mehr Zeit als früher zu lesen zu denken – ja denken – das ist auch eigenthümlich bei mir – daraus entsteht vielleicht kaum ein Gedanke – sondern etwas später ein Gefühl – sodaß ich manchmal voreilig meine, es hätte nicht viel Sinn bei mir mit dem stillen Denken – es käme nichts dabei heraus. So ist das alles noch schwebend ungeformt, im Entstehen – aber fest klar und freudig mein Gefühl für Nils Silfverskiöld, den ich so weit hierher gefolgt bin – er ist mir so interessant als Wesenheit, so selten harmonisch gefügt daß ich staunen muß. Aber nun lächeln Sie vielleicht und dabei muß ich selbst lachen, und will Ihnen darüber lieber einmal erzählen und hier als Abschluß nur sagen, daß ich einfach riesig entzückt bin von Nils Silfverskiöld.

Die Stadt in der ich hier lebe, ist besonders schön mit dem vielem Wasser und so nahen Wäldern. Man baute jetzt ganz neue Stadtteile im vorzüglichsten Styl und Anlage und in dem neuen »Stadthaus« besitzen die Stockholmer etwas vollkommen einzigartiges in heutiger Zeit. Es erinnert in seiner Schönheit Pracht und Zusammenwirken enthusiastischer Künstler an die besten Zeugnisse einer Macht früherer Zeiten. Besonders aber versteht man wie sehr die Stockholmer in ihre Stadt verliebt sein müssen, wenn man im Sommer das Leben in den Schären (Inselgarten im Meer) hier kennengelernt hat – es gehört zu dem ausgeprägt entzückendsten was ein Land sein eigen nennen kann. Schönes reiches Leben in der Natur am Wasser. Fast ein Schlaraffenleben dünkt es einem, wenn man an den reizenden Inseln vorbeigleitet, in ihre Buchten blickt und sieht wie genießerisch die Menschen es sich da eingerichtet haben – oft eine kleinere Insel allein bewohnend, mit Wohnhaus Badehaus und Boot. Doch Hugo ist es merkbar für einen Österreicher, der so gewohnt ist, Architektur in der Natur zu genießen – das kann man hier eigentlich nicht – dieses mich tiefst entzückende im Schaun in der Landschaft – das alte Stift, Kirche, Hütte in der Natur – fehlt einem hier, es gibt ja natürlich schöne alte Herrenhöfe – aber vereinzelnd liegend verstreut – und die wunderbare Holzarchitektur der alten Bauernhöfe scheint man leider nur mehr im Museum bewundern zu können. Wie zwingen mich in Österreich, Tirol, Italien ganze Ortschaften durch ihren Ausdruck der Gestaltung ihrer Anlage, ihrer Bauart, teilzunehmen mit meiner Fantasie an dem Leben dieser Menschen wenn ich in der Eisenbahn vorbeisause an ihnen – hier habe ich das bei meinen Reisen noch nicht erlebt. Aber ich habe die schwedische Westküste erlebt – diese kahlen Schären, dieses wunderbare opalhafte Licht über allen, die Laute und Rufe der vielen Seevögel, eine der merkwürdigsten Landschaften die ich bisher gesehen, empfunden, so absolut sphärisch, fast beklemmend schön und hoch für den der da nicht aufgewachsen, so wie ein Bachpreludium so

streng geläutert und so durchsichtig, zartsüß auch – Nils Silfverskiöld erlebte da seine Jugend-
jahre, für ihn ist es die Landschaft über allen Landschaften. Ich war als ich das Erstemal dort
war so aufgerührt in mir – am Abend als wir dann im erleuchteten Zimmer saßen und seine
Mutter Klavier spielte, ja wie soll ich es ausdrücken, wie ich es spürte dieses Zusammensein
der Menschen innerhalb der schützenden Wände, verbunden und gesteigert in Musik – und
da draußen im Dunkel unter jagenden Wolken das weite sich öffnende Meer unbegreiflich
geheimnisvolle – Mensch und Natur – verstehen Sie Hugo wie anders das sein muß als mein so
geliebtes fruchtbares Land um Bozen? Aber vielleicht ist es zuviel für den der nicht damit aufgewachsen ist? – ich weiß noch nicht.

Die Menschen hier – da trau ich mich noch nicht etwas zu sagen, es wird so leicht oberfläch-
liche Weisheit – jedenfalls aber glaube ich daß sie nicht so gelöst sind als der Österreicher in
Temperament, mehr in sich gebunden – scheinen keine psychologische Veranlagung zu haben
und sind darum rein gesellschaftlich gesprochen langweiliger, weil unempfindlicher in mancher Beziehung – ein aristokratisches Volk – alles ist hier echt – ohne von sich zu protzen – in
guter Ordnung – die Begabten sind Fantasten, alle dichterisch wie der Wiener musikalisch,
große Versteher der Natur und Liebhaber, sind so wie der Wiener nicht zum Sparen veranlagt
mehr zum Ausgeben. Die Frauen sind hier sehr tätig im sozialen geistigen – vereinigen sich
gern zu mancherlei Werken – auch besonders geistig geselliger Natur – ohne Mann – meinen
daß sie sich sehr wohl fühlen zusammen mit nur Frauen (kann schon sein), sind also ähnlich
ein bißl den Amazonen, während die Männer (die Heliobanten) wieder unter einander, nur
mit Männern, bei Branntwein und Punsch ein herrliches Zusammensein haben – aber dessen
bin ich ganz sicher.

Das wissen Sie ja Hugo daß Skandinavien ein Dichterland ist – aber ob Sie wissen daß es
einen der unerhörtesten Dichter besaß in Bellmann? Das habe ich nur hier erfahren, da ich
schwedisch verstehe und fließend lesen kann – aber Lyrik ist nicht gut zu übersetzen – aber um
ihn kennenzulernen wäre es fast werth schwedisch zu lernen.

Lieber Hugo, drei Blätter haben Sie (vielleicht) Geduld gehabt mitzumachen – wird Gertie
mir vielleicht schreiben von Euch allen. Seien Sie gegrüßt Hugo, und wie freu ich mich wenn
ich Sie wieder sehen soll. Haben Sie garnichts hier in Stockholm zu tun?

Ihre Gretel

P. S. Das mit den Honorar, war eine reine pflichtvolle Erledigung von mir für Sie Aufgetragen
– somit mir selbst vollkommen unwesentlich.

G. W., um 1920

ALFRED POLGAR: GRETE WIESENTHAL

Grete Wiesenthal, das ist, als wenn man sagte: Grazie, oder: Befreiung von der Schwere, oder: »ein Mädchen schön und wunderbar«, oder: Musik dem Auge (mit einem besonders langen i der Musik). Bilder, wie aus einem freundlichen Traum ins Leben verirrt, ruft der Name heran, ein Entzücken, das Zeit und Zeiten nicht verdunkeln konnten.

Ihr Tanz gab mehr als ästhetischen Genuß. Die Menschen wurden seiner froh, indem sie ein solches Wunder an Freiheit und Leichtheit des Körperlichen schauend, vom eigenen, lastenden Gewicht etwas zu verlieren glaubten. Holder Schwindel ergriff ihr Herz, wenn die Frau da oben so dahinflog ohne Flügel, und machte es, für Augenblicke, zugänglich dem holden Schwindel, daß das Leben schön sei. Eine Täuschung, wie sie sonst, vom Frühling abgesehen, nur noch dem Alkohol gelingt und der Liebe (dieser auch nur beim ersten Schluck).

Es waren und sind viele Tänzerinnen, die durch Anmut bezaubern, deren Kunst, gleich jener der Grete Wiesenthal, gelöst von Absicht und Mühe, nichts scheint als angewandte Natur. Aber bei keiner wie bei ihr redet der Körper den Tanz so überzeugend als sein ureigenstes Idiom, spricht in ihm als in seiner Muttersprache, ganz frei, leicht, selbstverständlich, unmittelbar, in einer Sprache also, mit der er eins, in der er geborgen ist, die ihm das Zarteste und Leidenschaftlichste, das er zu sagen hat, zu sagen erlaubt. Es war das Beglückende am Phänomen Grete Wiesenthal, daß nie die Empfindung aufkam: hier produziert eine Tanz, sondern daß dieser gleichsam von ihr wehte, wie von der Blume, die es in sich hat, Wohlgeruch. Er war, weil immer naturhaft, immer geisterfüllt, niemals von Geist verfälscht, beging nie die Unzucht, Literatur in Bewegung zu übersetzen. Die Wiesenthal tanzte sich selbst, nach Musik in ihr selbst. Wie keiner andern wurde ihr die Schwere leicht, nur als ein Schutznetz, das sie gar nicht brauchte, schien der Boden unter ihre Füße gelegt, auch wenn sie im Saal tanzte, war es Tanz im Freien, und auch wenn sie in Kleidern tanzte, tanzte sie nackt.

Nun lehrt sie ihre Kunst, soweit sich diese lehren läßt. Sie selbst tanzt nur selten öffentlich. Leider! Denn sie ist noch die sie war, eine Frau von vollkommenem, durch Zeit und vieles Schicksal kaum überschleiertem Liebreiz, ein Ausnahme-Mensch, unverrückbar sicher im Schutze seiner äußeren und inneren Kultur. Nichts hat ihr das diebische Leben weggenommen von der Gabe, vor Gott und Menschen angenehm zu sein.

160

G. W., nach 1920

OTTO STOESSL AN GRETE WIESENTHAL

Wien, 11. 6. 30

Verehrte Frau Grete Wiesenthal, infolge eines Pfingstausflugs komme ich erst verspätet dazu, Ihnen für den unvergleichlichen Genuß zu danken, den mir Ihr »Taugenichts« in Wien bereitet hat. Auch das war ein Pfingstausflug auf eine holde blühende Oase aus der Wüste eines sinnlosen Theaterlebens. Schon Sie selbst in der schönen Allverständlichkeit und dabei Einzigkeit Ihrer Bewegung, Ihres Seins und Spiels, Ihres seligen Menschentums wieder einmal zu sehen, Ihre Freundlichkeit, die der Welt, dem Leben immer wieder zum erstenmal lächelt wie die Erfindung und erste Schau des Frühlings, war Wunder genug. Und inmitten welcher reinen Anmut der Erfindung, der einfachsten, um sich selbst bewegten Fabel wußten Sie sich einzustellen! Die Verwickelung der Traumerscheinungen, der Briefhoffnung und Briefverfolgung des schlummernden kleinen Helden, der von Wunsch und Enttäuschung getrieben, aus einem nächtlichen Schauplatz deren unzählige erlebt und unzählige Schrecken und Gestalten, ist eine unvergeßliche mimisch-poetische Erfindung, die sich wie ein Rosenlabyrinth um die Prosageschichte rankt, die Ihrer weiterdichtenden Einbildungskraft das Gerüst bot. Und dann die Scene im Zimmer der Gräfin – einer Mozartmusik würdig – mit dem einzigen Einfall der aus den Bettvorhängen winkenden Beine und Hände der unsichtbaren ersehnten Frauenzimmer! Diese Scene ist von solcher Eindringlichkeit schalkhaften Einfalles, daß sie symbolisch allgemein wirkt wie jeder unfaßbare Wink der Liebe aus dem Versteck von Versprechen und Sichverbergen. Bleiben solche rein künstlerische, geistig-sinnliche Eingebungen ein Geschenk für die Künstler, so mögen die allgemeiner wirksamen Bilder des Winzerfests und des Balls mit ihrer choreografischen Fülle und Bewegung das eigentliche sogenannte »Ballett« dem weitesten Publicum für lange Zeit hieraus empfehlen. Aber auch hier fand ich in der reizvoll spröden Anmut des Frl. Raab, in ihren schönen ausdrucksvollsten Beinen, die mehr zu sagen wissen, als sonst manch ein Menschengesicht und wo mein besonderes poetisches Vergnügen. Ich bin überzeugt, daß Ihr Werk, wie eigen und unbekümmert es auch erfunden ist, trotz seinem höchst gerechten individuellen Stolz auch jedes Publicum noch für lange Jahre fesseln wird, weil es dabei Vertrautes, Gewünschtes, Geträumtes, eine selige Wiener Welt in einer höheren Sphäre der Anschauung und Vergeistigung mit den nobelsten Ausdrucksmitteln vergegenwärtigt.

Da ich ja leider so selten des Vergnügens teilhaftig werde, Sie zu sehen und zu sprechen, was mir immer wieder ein Glück bedeutet wie in fernen allerersten Tagen im Atelier oder auf der Mondscheinwiese am Hagenberg, so wollte ich Ihnen wenigstens schreiben, danken und wünschen, daß Ihnen die Wirklichkeit einen kleinen Teil der Freude zurückgebe, die Sie mit Ihrer Person und Ihrem Gedicht so reich geschenkt haben. Wenden Sie auch mir ein allerliebstes Teilchen Wohlwollens zu, wie bisher, so will ich darauf stolz sein und es als einen unverlierbaren Besitz meines Lebens in die Sparkasse der Erinnerung einlegen, der einzigen, die bei mir leidlich erfüllt ist, aber nicht mit so vielem Guten, wie es Ihr Lächeln ist, Ihr Tanz, Ihr ganzes Dasein auf dieser Erde. Ich bin immer Ihr treuergebener

Otto Stoessl

»Der Taugenichts«, Ballett, Staatsoper, Wien 1930

LINA LOOS AN GRETE WIESENTHAL

Liebe, sehr verehrte, Frau Grete Wiesenthal!
Eigentlich hätten sich Alle gestern Abend anwesenden Frauen (und Männer) sofort in die Donau stürzen müssen . . .

Nicht weil wir Alle weniger schön, weniger jung, weniger gut tanzen können, sondern . . .

Es tanzte ein junges Mädchen die war auch jung, schön und konnte tanzen und war doch nur ein Blütenblatt das der Wind durch die Luft trug.

Aber Sie . . .

Sie waren wie eine zitternde Blüte am Baum die vor Leid und Lust bebt.

Sie leuchteten von Innen . . .

In der Sonne glitzert bald etwas aber die da leuchten durch das Dunkel die tragen das Licht in sich.

Alle Menschen könnten leuchten von Innen – wenn – ja wenn!!!

Verzeihen Sie mir daß ich nicht in die Donau gegangen bin aber in der Sonne sitzen ist auch ganz schön.

Es grüßt Sie herzlich ein armer Mond.

Lina Loos

CARL ZUCKMAYER AN GRETE WIESENTHAL

22. 1. 39

Chardonne sur Vevey
Bellevue

Liebste Gretel!
Letzte Nacht, von einem heftigen Schnupfenfieber heimgesucht, dem ich abends mit sehr viel Alkohol zu Leib gegangen war, – also in einem nicht unnormalen Zustand, wenn auch mit etwas gesteigerter Temperatur, – habe ich so intensiv und merkwürdig von Dir geträumt, daß mir fast alles noch ganz gegenwärtig ist und ich es Dir schreiben muß. Es kam sogar ein Vers drin vor, den ich sofort beim Aufwachen auf meinen Block kritzelte und so bewahren konnte. (Ich träume nämlich manchmal in gereimten Versen, und es sind nicht immer so schlechte wie diesmal, es ist mir schon passiert, daß ich ganze Strophen von Gedichten träumte, die ich im Aufwachen noch im Ohr hatte und dann fertig schrieb.)

Wir waren allein in einem sehr großen, kahlen oder fast unmöblierten Zimmer – und telephonierten merkwürdigerweise miteinander, obwohl wir uns ansahen dabei, von einer Zimmerecke in die andere, was uns ganz natürlich vorkam. Traumdeuter würden das vielleicht einfach als »Kontakt« auslegen. Du erzähltest mir etwas, was ich vergessen habe, ich weiß nur noch, daß es ungewöhnlich »gescheit« war, was Du sagtest, und der Begriff »gescheit«, in Beziehung auf Dich, wurde mir dabei auf eine sonderbar erregende Weise klar. Ja, die mir immer deutlicher werdende »Gescheitheit« dessen, was Du sagtest, erfüllte mich mit einer Art

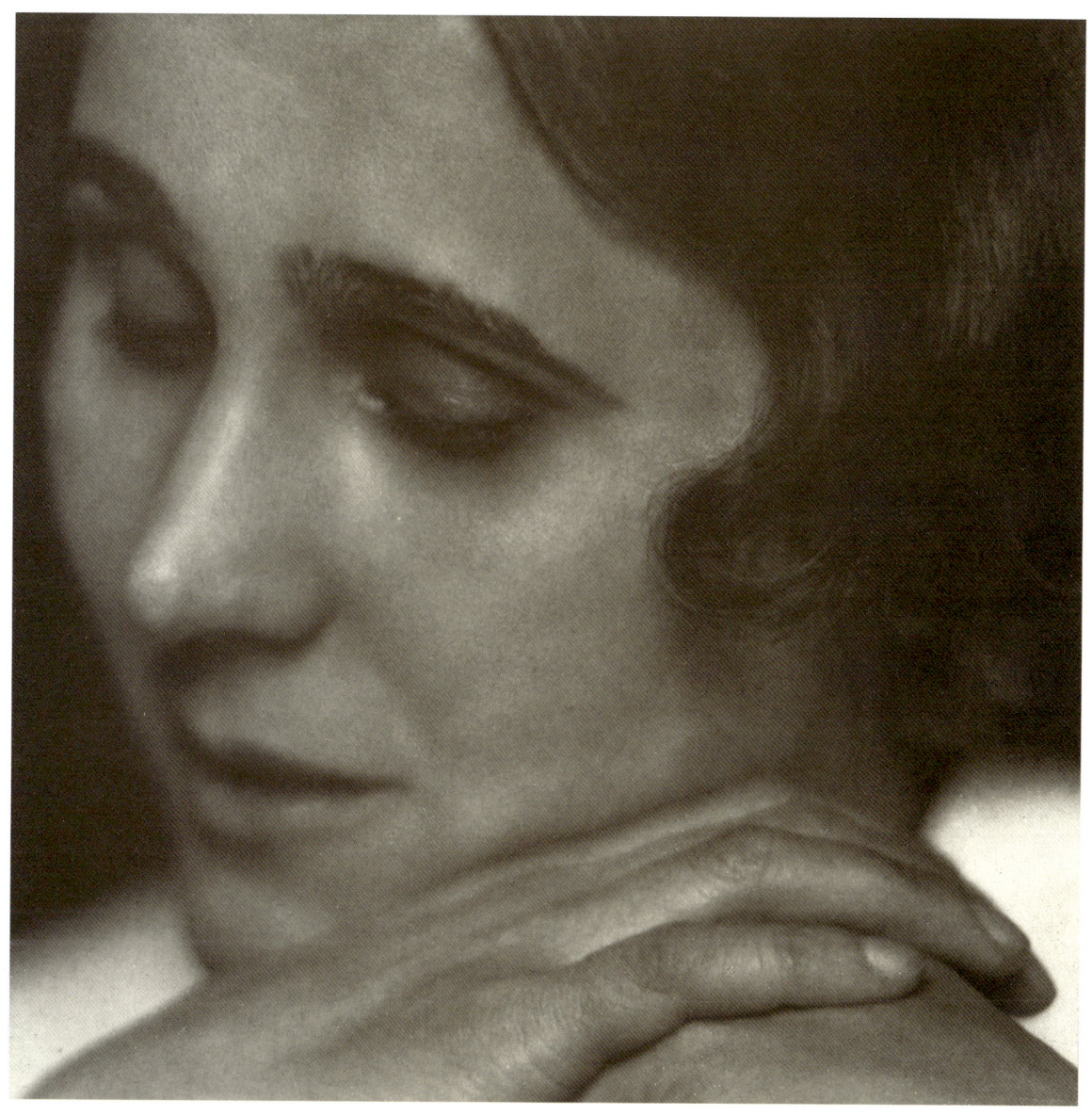

G. W., nach 1920

von Bewunderung oder Entzücken, die fast ein körperlicher Zustand, eine Lust, ein gesteigertes spirituelles Wohlgefühl war. Ich hatte dabei das Empfinden, daß ich selbst nun »einsetzen« müsse, wie wenn man zusammen musiziert oder einen Singenden begleitet, aber das hatte schon nichts mehr mit Ratio oder einem Telephongespräch zu tun, sondern war wirklich mehr wie ein gemeinsames Musizieren in einer anderen Dimension. Da war plötzlich das ganze Zimmer voller Menschen, die alle auf etwas zu warten schienen, während Du selbst immer noch in Deiner Ecke bliebst und nur anders gekleidet erschienst, so ähnlich wie im Weintretertanz, und unter den Leuten sah ich Gustl, der am ungeduldigsten wartete und auf eine Taschenuhr schaute und mir dann zurief: ich solle rasch anfangen. Mir war klar, daß ich jetzt ein Gedicht über Dich oder auf Dich sagen müsse, und zwar ganz schnell, sonst sei es aus irgendeinem Grunde »zu spät«, aber ich wußte nicht, ob ich das Gedicht schon kannte oder im Augenblick erfand. (Beim Erwachen, später, wußte ich die erste Strophe von diesem Gedicht noch ganz genau, aber im Traum war sie mir – und meinen Zuhörern, also auch Dir, keineswegs komisch vorgekommen, sondern eher pathetisch und nicht frei von einer gewissen musikalisch tönenden Tragik. Desto komischer ist es, sie jetzt zu lesen, so wie sie in der Frühe auf meinem Notizblock stand:

> Als sie noch Gretchen hieß statt Gretel
> War sie nicht ganz so blöd wie's glaubhaft schien
> Jedoch auch nicht besonders edel
> Sie liebte Kampf, und suchte ihn.
> Und was sie suchte fand sie nur in sich –

Mehr habe ich nicht behalten, es ging sicher noch weiter, das Zimmer war nun wieder leer, ich selbst war auch nicht mehr darin, aber Du tanztest jetzt, ich sah das gleichsam durchs Fenster oder durch die Mauer, es war unvorstellbar schön und zerging auch sehr bald ins Windgeräusch von draußen und löste sich in ein wunderbares Bild verschiedenfarbiger Wolken oder Nebel, die sich am Himmel bewegten.

Warum sich diese merkwürdige Minderung – der Knüppelverscharakter des Gedichtes und der Begriff »blöd« und »glaubhaft schien« und »nicht besonders edel« – auf das geradezu rauschhafte, lustvolle Erlebnis von weiblicher Gescheitheit (so mochte dem Odysseus die Athene erschienen sein, dachte ich) – absetzte – was aber im Traum keine Minderung, sondern eher eine Begleitmusik bedeutete, – bleibt dunkel, wie alles Geträumte.

Bitte laßt von Euch hören! Wann kommst Du, mit Gustav, meinem König!, einmal wieder nach Z.? Ich muß wohl erst Mitte Februar nach London u. Paris. – Am liebsten würde ich Euch mal dort, in Paris, treffen!

Dein Carl

GRETE WIESENTHAL: DURCH DIE STRASSEN WIENS

Nach dem großen Bombenangriff im September 1944 ging ich durch die Straßen und über die Plätze des inneren Stadtbezirkes von Wien. Ich war nicht allein, andere gingen so wie ich auch das erstemal diese Wege, bekümmert, neugierig und vielleicht auch wie ich erleichtert, daß trotz der Zerstörungen das Wesentliche im Baugesicht des alten, schönen Wien bewahrt geblieben war und daß die Schäden wie ein »blaues Auge« mit der Zeit behoben und vergessen werden könnten.

Im allgemeinen waren die Wiener, wie sie so in Scharen durch die Straßen zogen, vor den Beschädigungen verweilend, dann wieder weitergehend, eher still und man hörte wenige von ihnen allzu laut ihre Eindrücke weitergeben. Die Ergriffenheit hatte den Finger auf den Mund gelegt, es war ja ihr Wien, das das erstemal mitten ins Herz getroffen war, und ob sie nun von der Bedeutung und Schönheit dieser ihrer Geburtsstadt mehr oder weniger verstanden, daß sie in Zukunft schwer gefährdet war, das begriffen mit einem Male alle.

Vor mir gingen drei alte Damen und ich hörte, gerade als wir über den Hohen Markt gingen, die eine von ihnen zu ihrer Gefährtin sagen: »Da war früher immer der Christkindlmarkt gewesen« . . . und da sah ich gleich selbst alle diese Standeln, wie sie damals da standen in den Tagen meiner Kindheit, und sah die Gesichter der alten Wienerinnen, sie waren auf einmal weder alt noch jung, so eben wie Kinder, die in allen, was sie sehen, ein Immerwährendes zu sehen glauben.

Als wir jetzt zur Freyung kamen und vor dem Vindobonabrunnen standen, wurde die kleine Damengesellschaft von einer köstlichen Heiterkeit erfaßt und eine von ihnen rief lachend: »Meiner Seel, jetzt schaut's einmal, wie herzig, wie stolz die Figuren dastehen, trotz der vielen Löcherln, die sie in ihren G'wandeln abkriegt haben, und schau, der einen hängt das Kröndl ganz schief auf der einen Seiten herunter« . . . und sie lachten, als ob sie über ihre eigenen, zerschlissenen Jugendkleider lachten.

Selbst wieder ganz heiter geworden, ging ich weiter mit der Hoffnung, daß die Voraussage eines Heiligen, daß Wien mit einem blauen Auge davonkommen würde, vielleicht doch sich erfüllen werde.

Seither sind Monate vergangen. Wien wurde verteidigt, der Krieg war in unserer Stadt und nun ist Friede. Wieder gehe ich durch die Straßen, aber ich frage gar nicht, ob man noch von einem blauen Auge sprechen kann, denn mein Kopf ist so taumelig schwer, als ob er gerade aus den Gewässern der Sintflut aufgetaucht wäre, die Haare kleben noch naß über den Augenlidern und ich versuche die Lider zu heben, denn es soll ja bereits die berühmte Taube herumfliegen, die mit dem Ölzweig im Schnabel. Ölzweig? . . . ja gibt's denn so was noch irgendwo? Müde verträum ich mich eine Weile, und als ich wieder die Augen öffne, kann ich bemerken, daß die Gewässer wohl um ein Beträchtliches gesunken sind. Rühren kann man sich zwar noch nicht richtig und nach der Taube mit dem Ölzweig fragt man gar nicht, weil man nur denkt, wie man seine Beine aus dem Schlamm wieder befreit. Herrgott! es ist nicht leicht. Und dieses Sausen in den Ohren, man hört in sich hinein, als ob man selbst Muschel wäre . . . aber horch! aus dem Sausen hebt sich ein Ton, wie von weit herkommend . . . er erklimmt die ersten Sprossen einer Himmelsleiter? . . . und von oben jauchzt es ganz zart, aber so ermunternd . . . »ja, ja« . . . und der Ton, er wächst an Fülle und Zuversicht, vom Jauchzen da oben immer höher geleitet. Und ich höre es und auch ich bin mitgenommen im hymnischen Anstieg des Donauwalzers, ich weiß wieder von den Gnadengeschenken an die Menschheit, den wahren Kunstschöpfungen, die unberührt vom Schlamm, Mittler einer höheren Wirklichkeit uns dünken und bin wieder mit ihnen in der Gnadenheimat. Und darf sie wiedersehen, die goldgrünen Kuppeln der Kirchen, und staune, daß ich sie sehen darf, bewahrt in irdischer Zeitlichkeit, sie, die immer ja vor meinen inneren Augen als ewiges Geistgut leuchten. Nur die eine Kirche, die uns zutiefst angehende, sie hat für die anderen gelitten, aber ihr Turm, der jenseits allem Maß in den Himmel zu wachsen scheint – er steht. Und ich möchte wachsen an ihm und möchte, daß alle an ihm wachsen im Vertrauen, und da werde ich doch wieder kleinmütig. Werde zaghaft für alle, denen es nicht gegönnt ist, so zu fühlen wie ich, die es schwerer haben, sich aus dem Dunklen, Dräuenden herauszuretten. Wie ihnen helfen? Und ich möchte nichts mehr wissen, verzagt die Augen wieder schließen. Da höre ich ein Lärmen, ein Rumoren . . . ach, immer der Lärm . . . und ich muß schauen, was ihn verursacht. Es sind die vier kleinen, drolligen, behelmten und gepanzerten Engel vom Sockel der Mariensäule am Hohen Markt, die, aus ihrer Verbannung entlassen, ihren alten Platz erstürmen und den Kampf mit den finsteren Mächten wieder aufnehmen. Und wie eifrig sie kämpfen um den Sieg und so gut in Form sind sie, eher mollet, und mein Kleinmut bekümmert sie überhaupt nicht. Ich muß lächeln . . . ja, ihr habt schon recht, ihr jungen Leute, bemüht euch nur, aber die rechte Bemühung tut not, denn es ist bei Gott nicht leicht, das Menschenantlitz in sich aufzudecken, und ich möchte euch zurufen: Seid aufmerksam, habt Ehrfurcht!

Und wo ist die berühmte Taube? Es soll sie ja schon einer gesehen haben . . . o, dort fliegt sie ja, und wirklich, den Ölzweig hat sie auch im Schnabel.

CARL ZUCKMAYER AN GRETE WIESENTHAL

Saas-Fee · Schweiz
9. November 1958

Sehr liebe, zauberische Gretel,
sei bedankt für die Zusendung der Fotos. Ich gebe sie auf alle Fälle dem Herausgeber des Buches weiter, aber vielleicht hättest Du eins, das noch mehr »Du« ist – obwohl ich schon den »Odem« sehr schön finde und das von dem Vortrag sehr gut, aber vielleicht gibt es noch eins, von Deinen Tänzen, wo sich die leidenschaftliche Seele ganz mit der Anmut paart – Du weißt gewiß, was ich meine. Nur mach Dir keine Mühe damit. Aber wenn Dir eins in die Hände fällt, das meinem unendlichen Entzücken an Dir voll entspricht, dann schicks mir bitte. In dieses Bilderbuch gehören natürlich vor allem die Lebensfreunde. Oder die es einmal, in entscheidenden Lebensabschnitten, zu sein schienen: so will ich doch auch den Richard Billinger nicht vergessen. Ich weiß seine Adresse nicht – und wäre Dir dankbar, wenn Du die beiliegende kleine Epistel an ihn weiterschicken könntest, Du weißt wohl, wo er steckt, sonst dürfte es

Gustel wissen. Längst wollte ich Dir meinen damaligen Aufsatz über die Aufführung des »Perchtenspiels« schicken, den meine Sekretärin jetzt aus einer alten Nummer der »Vossischen Zeitung« abgeschrieben hat.*) Da steht nun allerdings viel zu wenig über Dich drin – ich wollte wohl vor allem eine Fanfare für den Dichter blasen – und von der nackten Brust der schönen Perchtin zu schreiben traute ich mich damals offenbar noch nicht, heut würde ich sie in die Mitte stellen! – Sicher hast Du das letzte Buch von Reinhold Schneider bekommen, in dem auch unsere Begegnung bei Dir erwähnt ist. Wie dankbar bin ich Dir, daß Du diese Begegnung geschaffen hast – daß ich diesen einmaligen und einzigartigen Menschen noch kennen durfte. Sein Tod ging mir furchtbar nah – und doch hat Jobs ganz recht, die damals sagte (oder mir aus Amerika schrieb): man kann ihn sich eigentlich *nur* tot vorstellen. Er war ja hier schon »jenseits« – gerade das machte sein Wesen so unendlich stark in der Essenz, der Ausstrahlung. Tod war für ihn Ruhe, Auflösung ins Leidlose, nach der er sich sehnte. Möge Gott sie ihm schenken. (Und uns noch mancherlei gute Unruhe . .) Sei umarmt und sehr von Herzen gegrüßt!

Dein Carl

*) Bitte, wenn Du so lieb sein willst, schick sie dem Richard Billinger zur Erinnerung mit!

CARL JACOB BURCKHARDT AN GRETE WIESENTHAL

La Bâtie
Vinzel
23. Dezember 1959

Verehrte, liebe Gretel Wiesenthal,

Wie merkwürdig, da lebte ich für meine Begriffe blutjung, vier Jahre lang, von 1918 bis 22 in Wien. Wenn wir uns in jener Zeit vier fünfmal – anders als ganz flüchtig gesehen haben, so will mir das viel erscheinen. Sie schickten mir damals den Billinger, und der arme vor kurzem verstorbene Hauer, kam durch Sie in meine Wohnung an der Metternichgasse und passierte die Zensur des berühmten Karl Baumgartner; er erschien oft, zum Frühstück, spielte mit einem harten Finger auf meinem gläsernen Bösendorfer und sang hohl und rauh und auch großartig, seine Hölderlinoden.

Nein, die wirkliche Gegenwart Ihrer Person habe ich in jenen unvergeßlichen Jahren kaum erlebt. Umso gegenwärtiger, vertrauter und bewundernswerter aber waren Sie mir durch die von unserm großen Freund so oft berufene, aufgerufene »Anima«. Durch die Art in der er Sie erwähnte, das Licht, die Grazie, die Melodie seiner Evokation, sind Sie für mich so vertraut geworden, so nah erreichbar in der Vorstellung, daß – ja ich kann dies sagen – in vielen Augenblicken des unbegreiflichen Lebens, ich Sie imaginieren konnte, als Partnerin vor einem besonders ergreifenden Anblick: einem durchleuchteten, in schlanker Achse drehenden Wasserwurf – auf einer Pazifikreise im hellen Sturm, vor mimischen Wundern der No Tänze, überall wo ich auf Spuren des Zen stieß, einmal auch, ganz unvermutet, in Paestum an einem warmen Abend; als träten Sie hinter einer Säule hervor.

Dann vor vier Jahren, habe ich einen bezaubernden von Gundlstürmen durchbrausten ganz realen Aufenthalt, innerhalb Ihrer wirklichen Gegenwart, während wirklichen zum wahren Geschenk werdenden Stunden, in Ihrem Haus verbracht, und es war mir, wir hätten uns nach langen, langen gemeinsamen Zeiten nur eben verlassen gehabt.

Jetzt aber, es geschehen wirklich Wunder, schreiben Sie mir diesen zauberhaften Brief. Wie soll ich Ihnen danken? Das Leben ist schwer gewesen, immer Kampf, immer Fehler die man macht, immer neue Schlachten zu schlagen, immer Neid ohne Ende, kleine Rache, was weiß ich: von Erbärmlichem zu Erbärmlichem führt der Weg, und immer wieder sind alle Mühen aufgewogen, aufgehoben durch Begegnung, Nähe, von der geisterhaften Berührung bis zur allergreifbarsten, aber das Schönste, das völlig Unversehrte, ist die »Animula« die uns durch alle Mühen begleitet, plötzlich wieder einen anweht, wie ein seliger Rhythmus.

Nichts hat mir in diesem Jahre größere Freude gemacht als Ihr Brief. Dort in jenem unsäglichen Hause sind wir uns noch einmal begegnet, ja Sie haben mich mitgenommen, und dies ist eines jener großen Geheimnisse, von denen unser Freund wußte wie kein anderer. Wie soll ich danken? Was soll ich alles für Sie wünschen?

Ich küsse Ihnen die Hände und bin stets der Ihre

Carl J. Burckhardt.

CARL JACOB BURCKHARDT AN GRETE WIESENTHAL

La Bâtie
Vinzel
14. Dezember 1969

Verehrte, liebe Grethe Wiesenthal,

ob Sie wohl, trotz der ständigen Strikes, meinen Brief aus Italien erhalten haben? Die Ärzte greifen oft in meine Lebensführung ein; diemals wurde mir eine – Ruhekur – verschrieben. Ich verbrachte meinen Urlaub in dem Städtchen Asolo, im venetianischen Hügelland. Der Garten des Hauses, in dem ich wohnte, ging über in den, wie ein Teppich sich zur venetianischen Ebene hinunterlassenden, verwilderten Park der Duse; ihr Haus, von der Gartenseite aus stand offen. Oft begab ich mich in ihr Arbeitszimmer, nahm ein Buch aus ihrer Bibliothek und las im Licht, das durch die grünen Jalousien sickerte.

Dort hab ich an Sie gedacht, Sie sind aus einer Welt mit ihr, aber stärker, nicht so verwundbar, mit etwas Triumphierendem begabt, das Sie durchs Leben begleitete. Die Leiden die niemals ausblieben, wurden zu Ihren Untertanen, das Sieghafte, verlieh Ihren Freunden frische Kräfte.

In dankbarer Bewunderung bin ich stets der Ihre, und begleite Sie mit all meinen Wünschen.

Carl J. Burckhardt.

170

»Odem«, nach Johann Sebastian Bach, Präludium es-Moll, 1924

CARL ZUCKMAYER AN WOLFGANG SCHAFFLER

[6. Juni 1975]

Lieber Herr Schaffler,

man sagt so leichthin, daß bei allem fast immer auch etwas Gutes wirksam oder verborgen sei. Sehr oft ist das eine Art von Selbsttäuschung oder von billigem Trost. Im Fall meiner Wiesenthal-Arbeit aber ist es Wirklichkeit. Denn in dieser Zeit erzwungener Untätigkeit und körperlicher Schwäche ist ihr Gehalt und ihr eigentlicher Kern überhaupt erst entstanden. Was die Augen anlangte, so war die Sache lästiger, als ich befürchtet hatte. Die Gefahr der Netzhautablösung erforderte eine sehr gründliche und langwierige Behandlung. Jeden Morgen gab es inter-okulare Injektionen, ins andere Auge prophylaktisch, weil sich auch da schon kleine Anzeichen einer Netzhautbelastung bemerkbar machten, – dann zwei bis drei Stunden mit elektrisch gewärmter Augenbinde »blind« liegen, nachmittags häufig langes Warten auf Untersuchungen, am Schluß ein kleiner, operativer Eingriff, zur Einpflanzung von bestimmten, netzhautwirksamen Hormonen, welche die Durchblutung unterstützen und die Wirksamkeit der Kur verlängern sollen. Und während dieser ganzen Zeit *mußte* meine Frau zuhause in Saas-Fee sein, weil es am Haus einige Winterschäden gegeben hatte und sie eine neue Haushaltshilfe einstellen und anlernen mußte, sie kam dann erst, um mich abzuholen, ich hatte also auch Niemanden zum Vorlesen, wenn auch täglich einen kurzen Besuch der mit uns befreundeten Frau des Augenarztes, der selbst viele Stunden am Tag operierte. Aber es ist doch was Wahres dran, daß es keine »verlorene Zeit« gibt. Und daß Verzögerungen produktiv sein können. Was immer ich Ihnen vor dieser Zeit als Inhaltsangabe, »Waschzettel« oder dergleichen geschrieben hätte, wäre mehr oder weniger phraseologisch geblieben, denn ich weiß überhaupt erst jetzt, daß dieses kleine Buch eine ganz bestimmte Provokation enthalten wird, und weit über eine ästhetische oder sympathetische Darstellung hinaus (oder gar eine Schwärmerei) einen bedeutsamen, zeitkritischen Aspekt.

Ich bin auch noch gar nicht sicher, ob ich nicht doch die »Apologie der Schönheit« als Obertitel wählen werde, als eine Art von »Huldigung an Grete Wiesenthal«. Das kann sich erst später ergeben. Sicher aber bin ich, daß der heute so problematisch gewordene Begriff des Schönen, problematisch in den Künsten, in der menschlichen Behausung, im gesamten Lebensverhalten, hier als eine unabdingbare Notwendigkeit und nicht als Rankenwerk des »Nützlichen« oder zweitrangiger »Überbau« erfaßt werden soll. Es ist klar, daß sich dabei auch der soziologisch-politische Aspekt ergibt, – und ein ganz wesentlicher Hinblick auf »Kult und Schönheit«, oder umgekehrt, auf den »kalten Bildersturm« und die rationalisierende Verkahlung der katholischen Kirchen zum Beispiel, wobei doch immer der Tanz als Ausdruck eines blutvollen, weiblichen Lebensgefühles und einer hinreißenden Persönlichkeit im Mittelgrund bleibt.

Die verschiedenen Dokumente, die Sie mir geschickt haben, konnte ich erst jetzt, nach der Zeit in der Klinik, richtig studieren, und Sie sehen aus meinem beigelegten Schreiben an Martin Lang, nach welcher Richtung ich sie noch ergänzen muß. Sie sind doch wohl auch nach wie vor der Meinung, daß als Illustration nur die Holzschnitte von Lang in Frage kommen, und daß selbst die schönsten Fotos eher die künstlerische Einheit stören würden? Höchstens käme vielleicht für die Rückseite des Umschlags ein solches in Frage?

Dieser Brief soll Sie nur ganz allgemein über die innere Entwicklung meines Planes informieren, er ist *nicht*, auch nicht auszugsweise, zu irgendeiner Vorankündigung bestimmt, denn das wäre verfrüht. Jetzt muß ich mit zunehmender Erholung erst einmal wieder Ordnung in mein produktives Leben bringen, das durch die vielfachen Ereignisse der letzten Monate zersplittert war. Da die Aufführung meines »Rattenfängers« in Wien erst gegen Weihnachten geplant ist, werde ich kaum vor der Adventszeit nach Salzburg kommen.
Ihnen und Frau Gudrun sehr herzliche Grüße.

Carl Zuckmayer

MICHAEL GUTTENBRUNNER: SCHULD UND HULD

Die Erinnerung an Grete Wiesenthal, als an eine Tänzerin, die nicht mehr tanzte und die ich nie tanzen gesehen hatte, ist so stark, als hätte ich sie doch einmal, auf unvergeßliche Weise, in der Kraft ihrer Kunst erlebt; und nicht erst später, im Nachhinein. Ihr gegenüber, die die Siebzig überschritten hatte, war es nicht allein der Abglanz des Ruhms, sondern die fortwährende Ausstrahlung ihres energischen Geistes, der sich den Körper gebaut hatte und ihn mit dem Echo großer Arbeit verklärte. Das war es, was mich wie jeden andern, der sie aus der Nähe sah, faszinierte und an sie fesselte.

Mit vierzig Jahren wurde mir, durch meine Frau, das Glück der persönlichen Bekanntschaft beschert. Kurz vorher aber hatte ich, aus Unbedachtheit und Fahrlässigkeit, einen Zusammenstoß mit Grete Wiesenthal. Das kam so: In einem Brief Hofmannsthals an Grete Wiesenthal heißt es: »Liebes Greterl, die Russen haben Przemysl, ich möchte auch etwas haben, was mir Freude macht: darf ich heute Abend zu Ihnen kommen?« –

Dem finstern Blick, mit dem ich Hofmannsthal zu streifen pflegte, erschien dieser Wunsch, in dieser Verbindung, sträflich; und so schrieb ich, prima furia, ein Pamphlet, »Hofmannsthal und die Tänzerin«, und gab es, ganz gegen mein Prinzip, flugs einer Zeitung, die es prompt brachte. Den Namen der Tänzerin hatte ich darin nicht genannt; ich hatte dabei aber überhaupt nicht an Grete Wiesenthal gedacht, auch nicht, daß es zu ihrer Kenntnis gelangen könnte und ihr mißfallen müßte.

Bald danach bekam ich einen Brief von unbekannter Hand – es war die Hand der Tänzerin! – worin sie mir, mit wenigen autoritären und tönenden Worten Einhalt gebot. Es war, als hätte sie einen Blitz auf mich geschleudert. Ich fühlte mich schuldig und unterwarf mich unverzüglich ihrem Zorn. So habe ich ihn zuerst kennengelernt, aber dann ihre Freundschaft. Ich wurde begnadigt und huldreich aufgenommen; täusche mich aber nicht: von meinem Pamphlet gegen Hofmannsthal her, hat ihr Auge mir gegenüber, wenn ich mich von Polemik fortreißen ließ, einen zürnenden Funkeln wachgehalten, der immer wieder aufflammte. Dieses Funkeln ihrer Sterne bricht noch stets aus dem alles bedeckenden Nebel hervor, wenn ich an sie denke.

Grete Wiesenthal ist, wie eine gute Fee, an der Wiege unsrer Tochter gestanden. Neun Jahre dauerte das Glück. Bei ihr, am Modenapark, habe ich, wie nie zuvor, die Kunst des Tafelns erlebt, die sie übte; eine seltene Gabe, die ich seither nur noch einmal, bei Carl Burckhardt, leuchten sah.

Grete Wiesenthal hat ihre schöne Autorität für die Vermehrung des Wohlwollens und der Duldung unter den Menschen und für eine höhere Beachtung von Distanz, Autorität und Hierarchie verwendet; worüber viel gestritten wurde. Sie meinte, wir sollten gegenseitig Verzeihung üben und uns durch anständige Beugung vor höheren Menschen und Mächten auszeichnen.

Grete Wiesenthals Leben ist ein lang zurückstrahlendes. Schon lang vorbei; und noch immer sind ihre »edlen Reste nachlebendem Bewußtsein anvertraut«.

RAIMUND VON HOFMANNSTHAL (sechsjährig) AN GRETE WIESENTHAL
Seiner Mutter diktiert

[Jänner 1912]

Liebe Gretl, das ganze Theater war sehr schön, Du warst sehr schön, wie Du getanzt hast. Warum Du die Augen zu gehabt hast. Wie Du so geflogen bist, das war schön mit den bunten Flügeln. Warum Du erst um 1 Uhr kommst, ich hätt lieber gehabt, wenn's Du früher gekommen wärst.

Viele Küsse von Raimund

Ob's Du nach Aussee kommst?

RAIMUND VON HOFMANNSTHAL AN MARTIN LANG

Schloß Prielau
Zell am See, Salzburg   10. 8. 1970

Lieber Martin,
Lass mich in der Sprache, in der ich mich wirklich nicht mehr auskenn, sehr herzlich für die lieben Photographien von Gretl und Deiner Familie danken. Ich bin so unglücklich, in den letzten Jahren so selten nach Wien – und zu ihr gekommen zu sein! Das Einzige, das man im Leben bedauert, sind die Sachen die man nicht gemacht hat. – Jetzt – zu spät. Sie war meine allererste Liebe. Ich hab mich einmal – achtjährig! – hinter dem Vorhang im Speisezimmer in Rodaun versteckt, um sie lachen zu hören. Was das für ein himmlisches Lachen war. – Jetzt möcht ich zum ersten Mal im Himmel sein!

Dein Raimund

174

»Die Windsbraut«, nach einem Walzer von Frédéric Chopin, 1924

Mein Erinnern gleitet zurück in meine Kindheit, und ich sehe mich als kleinen Buben in einer der Logen im Großen Konzerthaussaal sitzen. Unter mir im Saal applaudieren die Menschen, in den hinteren Parkettreihen sind die Zuschauer aufgestanden, drängen nach vorne an die Rampe der Bühne. Der Tanzabend ist beendet, ich höre Rufe: »Wiesenthal! – Wiesenthal!« Da erscheint meine Mutter zwischen den blauen Vorhängen, mit offenem Haar, in einem leichten Kleid mit fliegenden Bändern. Sie lächelt, winkt den applaudierenden Menschen, deutet mit ihren zarten Händen an, daß es schon spät ist. Aber der Applaus wird stärker, fordernder, und anfangs noch zögernd, applaudiere nun auch ich begeistert mit.

In der Pause davor bin ich bei ihr gewesen. Ich kenne schon den Weg, laufe durch die langen Gänge zur Künstlergarderobe. Dort drängen sich fremde Menschen. Eine entzückte Dame steckt mir Schokoladen zu, und da, zwischen Blumenkörben und Kostümen vor ihrem Schminktisch, sehe ich meine Mutter. Sie schaut mich mit lachenden Augen an. In der einen Hand hält sie ein kleines schwarzes Schächtelchen, in der anderen ein kleines Bürstchen, mit dem sie ihre Wimpern vorsichtig bürstet. Dann, plötzlich, spuckt sie ganz leicht in das Schächtelchen, vielleicht um die Tusche anzufeuchten – ich finde das merkwürdig und aufregend schön.

Damals, gegen Ende des Ersten Weltkrieges, wohnte ich seit meinem fünften Lebensjahr bei meiner Großmutter. Mein Vater war in russischer Gefangenschaft, meine Mutter meistens von Wien abwesend auf Tanztourneen. Aber dann kam der ersehnte glückliche Augenblick: sie kam mich besuchen. Außerhalb der täglichen Ordnung stehend, war sie für mich einfach eine zauberhaft schöne, liebreizend lächelnde Fee. Ich war beglückt und hingerissen und sagte zärtlich »Greterl« zu ihr. Doch bald entschwand sie wieder meinen Blicken, und statt ihr kamen Ansichtskarten aus fernen Städten und Ländern.

Schon als Kind hatte ich meine Lieblingstänze. Es waren das die feschen, übermütig-lustigen, über die Bühne hinfliegenden, wie der »Krakoviak«, den meine Mutter in leichten Stiefeln verführerisch tanzte.

Erst viel später, als meine Mutter in ihrem Ballett in der Oper tanzte, sah ich sie und ihren Tanz zum ersten Mal, beinahe als Fremder, aus einer neuen Distanz. Ich erkannte das Zwingende der künstlerischen Gestaltung, wurde von der Besonderheit ihrer Persönlichkeit ergriffen, und trotz ihres Lächelns ließ mich ihr Tanz etwas von der dunklen Schwere des Lebens erahnen.

Als meine Mutter nicht mehr öffentlich tanzte, aber voll Freude bemüht war, ihren Schülern neben der Technik des Tanzes auch etwas von ihrem Glauben an die hohe Forderung der Kunst zu vermitteln, lebte ich seit Jahren in Schweden. Nur selten kam ich nach Wien.

Aber wie reizend war es dann für mich, meiner Mutter überraschend in den Straßen der Stadt zu begegnen. Sie ging mit leichtem, doch bestimmtem Schritt durch ihr geliebtes Wien, die Schönheiten der Architektur aufmerksam in sich aufnehmend.

Festlich waren die Abende in ihrer schönen Wohnung am Modenapark. Es waren nur ihre

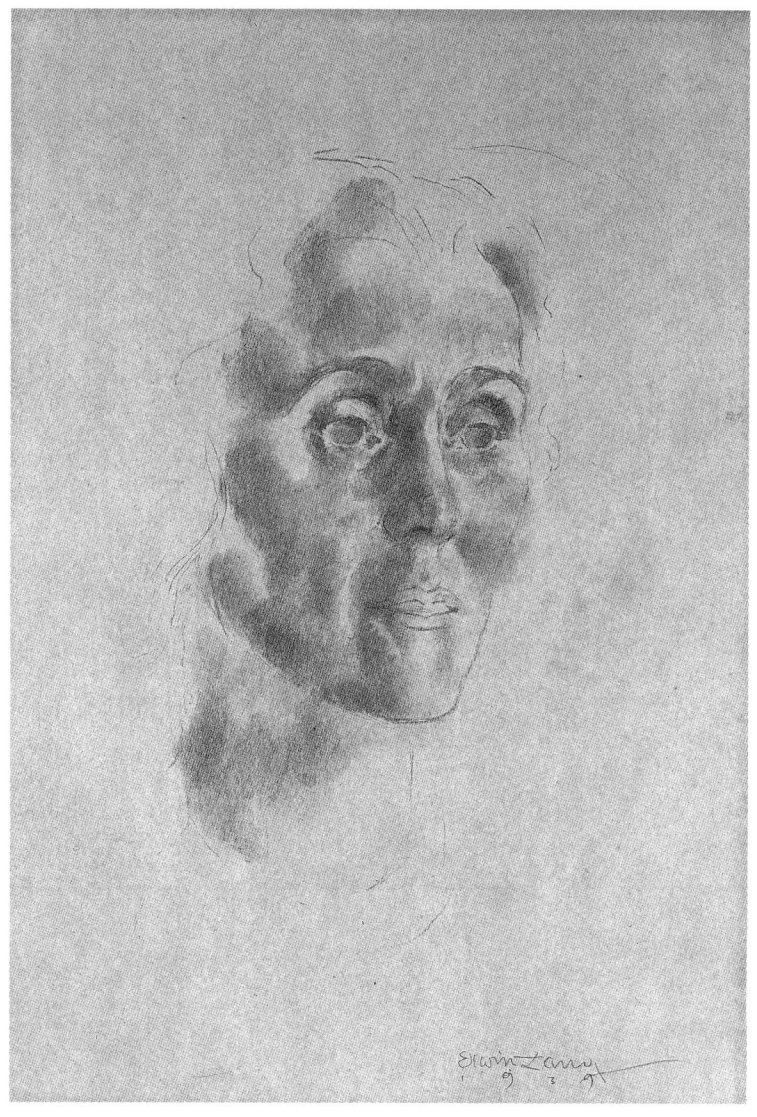

Erwin Lang, G. W., 1939

liebsten Freunde geladen, und bald bewegte sich das Gespräch an der gastlichen Tafel voller Ernst oder in beschwingter Heiterkeit.

Als ich in ihren letzten Lebenstagen zu meiner Mutter nach Wien gerufen wurde, da fand ich sie schlanker als früher und von einer besonderen, mädchenhaften Zartheit. Alles irdisch Belastende schien von ihr abgefallen, und sie begrüßte mich mit liebevollem Lächeln.

Es erschien mir damals, als wäre sie auf geheimnisvolle Weise wieder rückverwandelt, in das junge Mädchen von früher, das einst voll frohem Glauben ausgezogen war, um die Menschen von ihrer Idee vom Tanz zu überzeugen; von der Schönheit der Sprache des Körpers im Tanz.

177

»Frühlingsstimmenwalzer« von Johann Strauß, 1911

178

180

1885 9. Dezember: Grete Wiesenthal als ältestes von sieben Kindern des Akademischen Malers Franz Wiesenthal und seiner Frau Rosa geb. Ratkovsky in Wien geboren

1887 22. Juni: Geburt der Schwester Elsa

1890 5. Februar: Geburt der Schwester Gertrud

1891 4. Juli: Geburt der Schwester Hilde

1892 10. August: Geburt der Schwester Berta

1894 2. Mai: Geburt des Bruders Franz

1895 September: Elevin in der Ballettschule des k. u. k. Hofoperntheaters

1896 Eintritt der Schwester Elsa in die Ballettschule

1901 Aufnahme als Korpstänzerin ins Opernballett

1902 9. Januar: Geburt der Schwester Marta; Avancement der Schwestern Grete und Elsa zur »Koryphäe«; 12. Februar: erstes Auftreten von Isadora Duncan in Wien

1907 27. Februar: Titelrolle in der Oper »Die Stumme von Portici« von D. F. Auber an der k. u. k. Hofoper; 31. Mai: Grete und Elsa Wiesenthal scheiden aus dem Ballettkorps der Wiener Hofoper aus; 6. Juni: Künstlerfest in Weigls Dreherpark in Wien, Grete Wiesenthal tritt in der Pantomine »Die Tänzerin und die Marionette« von Max Mell auf; Sommer: Auftreten in der Pantomime »Baldurs Tod« von Gustav Eugen Diehl in Pöchlarn an der Donau

1908 14. Januar: Auftreten der Schwestern Grete, Elsa und Berta im Wiener Kabarett »Fledermaus« mit eigenen Tänzen, Durchbruch zum öffentlichen Erfolg; Februar: Auftritt bei Max Reinhardt in Berlin, Tanzmatineen in den Kammerspielen des Deutschen Theaters und im Künstlerhaus; im Lauf des Jahres Gastspiele in Hannover, St. Petersburg, Budapest, Prag, Frankfurt, Wiesbaden, Mannheim, Köln, Dresden; 27. Februar: Auftreten als Tänzerin in Max Reinhardts Inszenierung der »Lysistrata« des Aristophanes (Kammerspiele des Deutschen Theaters, Berlin); Sommer: Auftreten im Gartentheater der »Kunstschau« der Klimt-Gruppe in Wien in der Titelrolle der Pantomime »Der Geburtstag der Infantin« (nach Oscar Wilde, vertont von Franz Schreker) und als Dichter in der Pantomime »Der silberne Schleier« von Max Mell (Musik von Karl Lafite)

1909 19. Juni: Grete Wiesenthal tanzt die erste Elfe in Max Reinhardts Inszenierung von Shakespeares »Sommernachtstraum« im Künstlertheater, München; August bis Oktober: Auftreten der drei Schwestern Wiesenthal im London Hippodrome; 25.–30. Oktober: Paris, Théâtre de Vaudeville; vorher und nachher Auftritte in Hamburg, Berlin, Wien, Freiburg, Heidelberg, Stuttgart, Straßburg, Hamburg, Leipzig.

1910 März: Wilde/Schreker: »Der Geburtstag der Infantin« im Apollotheater, Wien (Bühnenbild und Kostüme: Erwin Lang); 24. April: Titelrolle in »Sumurûn«, Pantomime von Friedrich Freksa, Inszenierung Max Reinhardt, in den Kammerspielen des Deutschen Theaters, Berlin; 5. Juni: Heirat mit dem Maler Erwin Lang (geschieden am 8. Juni 1923); 27. Oktober: Vortrag »Pantomime und Tanz« von Grete Wiesenthal im Kunstsalon Heller, Wien; Grete Wiesenthal trennt sich von den Schwestern Elsa und Berta, die daraufhin eine eigene Schule in Wien eröffnen und gemeinsam Tanzabende veranstalten

1911 13. Februar: Geburt des Sohnes Martin; 15. September: Grete Wiesenthal tritt in den beiden für sie entworfenen Pantomimen »Amor und Psyche« und »Das fremde Mädchen« von Hugo von Hofmannsthal auf (Berlin, Theater in der Königgrätzer Straße und Gastspiele); Auftritte in Dresden, London, Wien

1912 16. April: Gastspiel-Première im Winter Garden, New York; 1. Mai: Vertragsangebot von Sergej Diaghilew, das für Mai/Juni 1913 Grete Wiesenthals Auftreten mit den »Ballets Russes« in Paris und Monte Carlo vorsieht (nicht realisiert); 25. Oktober: Grete Wiesenthal tanzt bei der Uraufführung von Hofmannsthal/Strauss' »Ariadne auf Naxos« am Stuttgarter Hoftheater die Rollen des Küchenjungen und des Schneidergesellen im Vorspiel »Der Bürger als Edelmann«; Auftritte in Wien

1913 Mai: Dreharbeiten mit Mauritz Stiller zu dem Film »Das fremde Mädchen« in Stockholm; August-September: Dreharbeiten zu den Filmen »Kadra Sâfa« (J. D. Rector), »Erlkönigs Tochter« (Stellan Rye) und »Die goldne Fliege« (Stellan Rye) in den Ateliers der Deutschen Bioscop G.m.b.H. in Berlin-Neu Babelsberg; Auftritte in Berlin, Hamburg, Wien

1915 Auftritte in Berlin, München, Wien; Wohltätigkeitsveranstaltungen, auch in den folgenden Jahren

1916 19. November: Uraufführung von Grete Wiesenthals Pantomime »Die Biene« (nach einer Idee von Hugo von Hofmannsthal; Musik: Clemens von Franckenstein) am Hoftheater Darmstadt; danach als Gastspiel in Zürich; Tanzabende im Großen Konzerthaussaal, Wien

1917 Tanzabende im Großen Konzerthaussaal und im Etablissement Ronacher, Wien

1918 20. April: Richard Strauss-Abend in Wien – Grete Wiesenthal tanzt »Rosenkavalier-Walzer« unter dem Dirigat des Komponisten; Deutschland-Tournee (Berlin, Nürnberg u. a.); Konzerthaussaal-Abende mit Carl Godlewski und Liane Haid in Wien

1919 Gründung einer Tanzschule auf der »Hohen Warte« in Wien-Döbling; Grete Wiesenthals Buch »Der Aufstieg. Aus dem Leben einer Tänzerin« erscheint bei Rowohlt; von nun an bis 1928 zahlreiche Tanzabende gemeinsam mit Toni Birkmeyer im Konzerthaussaal, Wien, und in anderen österreichischen Städten

1920 Januar: Auftreten im Eröffnungsprogramm des neuen Kabaretts »Chat Noir« in Wien; 6. Februar: Grete Wiesenthal tritt in der Titelrolle von Ferdinand Raimunds »Gefesselte Phantasie« im Komödienhaus, Wien, auf (Regie: Karl Etlinger; Bühnenbild und Kostüme: Franz Wacik)

1921 Auftritte u. a. in Dresden, Brünn, Prag, Budapest

1922 Auftreten in Wien und Auslandstourneen; April: Stockholm; 9. November: Tanzabende mit Toni Birkmeyer im Théâtre des Champs Elysées in Paris

1923 9. Mai: nach der Trennung von Erwin Lang Eheschließung mit Dr. Nils Silfverskiöld in Stockholm

1924 Grete Wiesenthal lebt in Schweden (bis 1926); Skandinavientournee mit Toni Birkmeyer und Schülerinnen

1926 Erneute Auftritte in Wien

1927 20. Oktober: Scheidung der Ehe mit Nils Silfverskiöld; Eröffnung einer »Schule für künstlerischen Tanz und rhythmische Gymnastik« mit Toni Birkmeyer im Hagenbund in Wien I; Oktober: erfolgreiches Gastspiel mit Toni Birkmeyer in Sofia

1928 26. August: Grete Wiesenthal spielt die Perchtin in der Uraufführung von Richard Billingers »Perchtenspiel« (Inszenierung: Eduard Köck) durch die »Exl-Bühne« bei den Salzburger Festspielen; 2. August: Tanzabend mit Toni Birkmeyer bei den Salzburger Festspielen; Auftritte in Wien

1929 8. Juni: Grete Wiesenthal studiert die Tänze für Max Reinhardts Inszenierung der »Fledermaus« am Deutschen Theater in Berlin ein; in der Folge zahlreiche Gastspiele dieser Inszenierung im In- und Ausland

1930 7. Juni: Uraufführung von Grete Wiesenthals Ballett »Der Taugenichts in Wien« an der Wiener Staatsoper (Musik: Franz Salmhofer)

1933 Februar: Auftreten am Broadway, New York, mit Willy Fränzl, musikalische Begleitung durch ihre Schwester Marta Wiesenthal; 28. November: Einstudierung der Tänze bei Max Reinhardts Pariser »Fledermaus«-Inszenierung mit französischen Darstellern am Théâtre Pigalle

1934 28. Mai: Internationale Tanzwochen in Wien; Eröffnungstanz Grete Wiesenthals; September: Professur für Tanz an der Wiener Akademie für Musik und darstellende Kunst

1936 1. April: Tänze und Vortrag »Hymnus des Tanzes« im Redoutensaal der Wiener Hofburg

1938 8. Januar: Grete Wiesenthals letztes öffentliches Auftreten anläßlich des Ballfests »Im Rhythmus der Jahrhunderte« in der Wiener Hofburg

1939 10. August: Einstudierung der Tänze für die Aufführung von Molière/Hofmannsthal/Strauss' »Der Bürger als Edelmann« bei den Salzburger Festspielen (Inszenierung: Heinz Hilpert)

1945 1. Juni: Grete Wiesenthal übernimmt die Leitung der Abteilung für künstlerischen Tanz an der Staatlichen Akademie für Musik und darstellende Kunst in Wien

1946 15. Januar: Neuinszenierung ihres Balletts »Der Taugenichts in Wien« durch Grete Wiesenthal an der Wiener Volksoper; 1. Juli: Vortrag »Das Abenteuer der Drehung« im Akademietheater, Wien; 7. August: Einstudierung der Tänze für die Inszenierung von Goldonis »Diener zweier Herren« durch Hermann Thimig bei den Salzburger Festspielen

1947 Erneutes Erscheinen der Autobiographie der Jugend unter dem Titel »Die ersten Schritte« im Agathonverlag, Wien

1951 Grete Wiesenthals Buch »Iffi. Roman einer Tänzerin« erscheint im Amandus-Verlag, Wien

1952 27. Juli: Grete Wiesenthal übernimmt die rhythmische Gestaltung in Ernst Lothars Inszenierung von Hugo von Hofmannsthals »Jedermann« bei den Salzburger Festspielen (ebenso in den Jahren 1954 bis 1959)

1953 27. Juli: Einstudierung der Tänze für Mozarts »Don Giovanni« (Wilhelm Furtwängler/Herbert Graf) bei den Salzburger Festspielen

1970 22. Juni: Grete Wiesenthal stirbt in Wien.

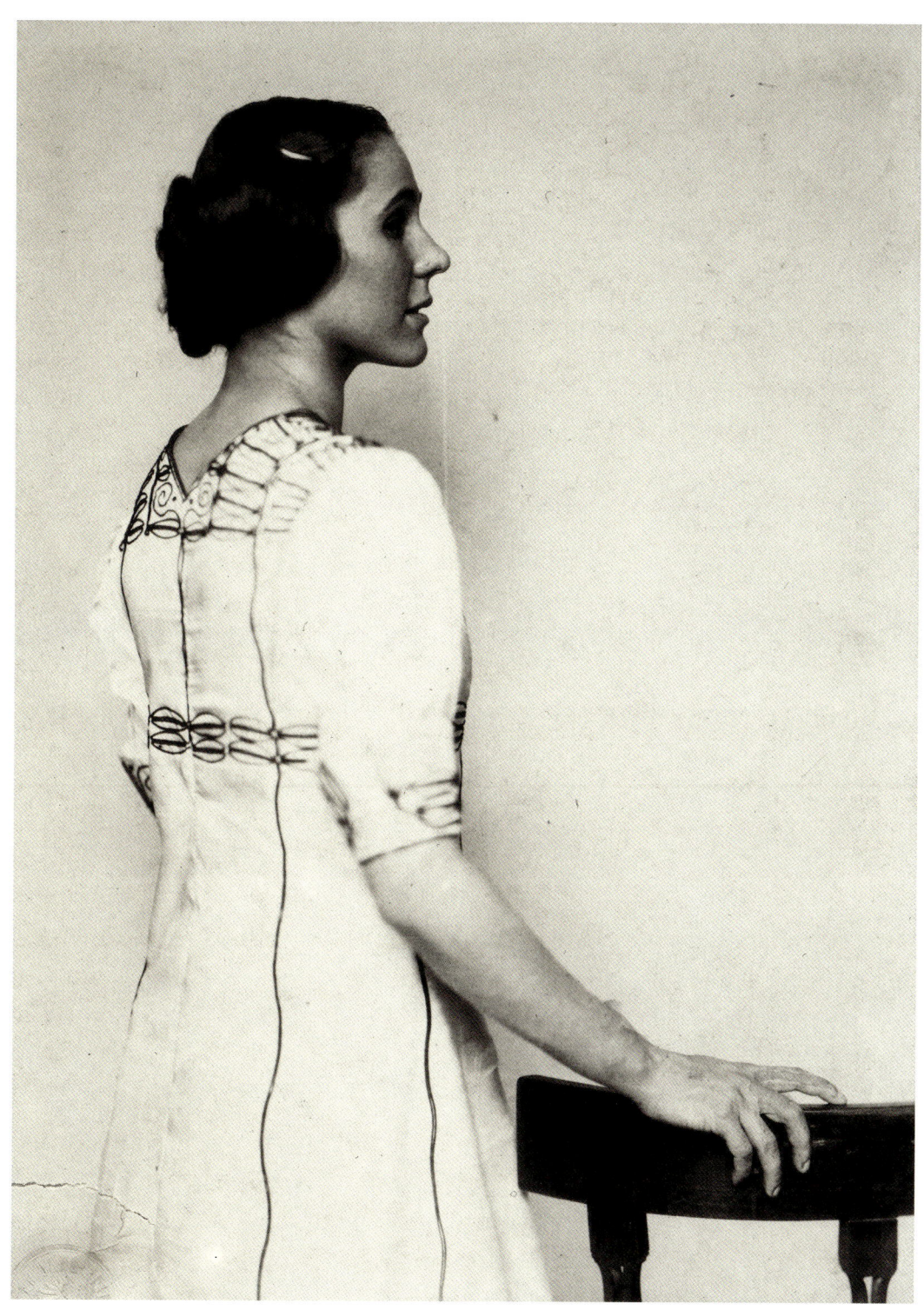

Grete Wiesenthal im Hochzeitskleid, 1910

QUELLENNACHWEIS

Peter Altenberg
Die Schwestern Wiesenthal, Tänzerinnen. Aus: Arbeiterzeitung, Wien, Januar 1908. (Leicht verändert auch in: Die Schaubühne, 4. Jg., 1908, S. 104 f.)

Anonym
Zum Wiederaufleben der Pantomime. Aus: Dies Blatt gehört der Hausfrau, H. 34, Berlin 22. Mai 1910, S. 2

Franz Blei
Ein Tanzgedicht für Grete Wiesenthal. Die Schöne und das Tier. Aus: Die Rettung. Blätter zur Erkenntnis der Zeit. Hg. v. Franz Blei und Paris Gütersloh. II. Jg., 1919, Nr. 1, S. 8 f. (Mit freundlicher Genehmigung der Erbengemeinschaft Franz Blei, vertreten durch Intern. Literatur Bureau b. v., Hilversum/Holland)

Hans Brandenburg
Der Walzer und die Schwestern Wiesenthal. Aus: Der moderne Tanz, München 1921, S. 45–49

Carl J. Burckhardt
Briefe. Unveröffentlicht. Privatbesitz. (Mit freundlicher Genehmigung des Kuratoriums Carl Jacob Burckhardt, Vinzel/Schweiz)

Leonhard M. Fiedler
Die Schönheit der Sprache des Körpers im Tanz. Aus dem Leben einer Tänzerin. Originalbeiträge

Michael Guttenbrunner
Schuld und Huld. Originalbeitrag

Hugo von Hofmannsthal
Brief an Grete Wiesenthal, 7. November 1907. Aus: Hugo von Hofmannsthal: Briefe 1900–1909, Wien 1937, S. 295 f.
Brief an Grete Wiesenthal, 5. Juli 1910. Aus: Agathon. Almanach auf das Jahr 47 des zwanzigsten Jahrhunderts, Wien 1947, S. 302–305
Brief an Grete Wiesenthal, 12. Dezember 1910. Aus: ebenda. S. 301 f.
Brief an Grete Wiesenthal, 26. Oktober 1913. Aus: Zu zwei Tanzdichtungen Hofmannsthals. Von Rudolf Hirsch. In: Hofmannsthal-Blätter, 1971, H. 6, S. 424
Amor und Psyche. Aus: Grete Wiesenthal. Szenen von Hugo von Hofmannsthal, Berlin 1911, S. 7–14
Tanz des Küchenjungen (in »Ariadne auf Naxos«). Aus: Leonhard M. Fiedler: Hugo von Hofmannsthals Molière-Bearbeitungen. Die Erneuerung der comédie-ballet auf Max Reinhardts Bühnen, Darmstadt 1974, S. 146
Das fremde Mädchen (Filmscript nach Hugo von Hofmannsthal). Unveröffentlichtes Typoscript. Privatbesitz
Erinnerung an Grete Wiesenthal. Aus: Tanz im 20. Jahrhundert in Wien. Ausstellungskatalog, Wien 1979, S. 120
(Mit freundlicher Genehmigung von Frau Christiane Zimmer und des S. Fischer Verlages, Frankfurt a. M.)

Raimund von Hofmannsthal
Briefe an Grete Wiesenthal und Martin Lang. Unveröffentlicht. Privatbesitz

Herbert Jhering
Grete Wiesenthal. Aus: Die Schaubühne, 7. Jg., 1912, S. 274

Alfred Kerr
Drei Schwestern. (1909). Aus: Alfred Kerr: Die Welt im Drama. 5. Bd., Berlin 1917, S. 479 f.
Freksa: Sumurûn. Aus: ebenda, S. 208 f. (Mit freundlicher Genehmigung von Sir Michael Kerr und Mrs. Judith Kerr-Kneale)

Oskar Kokoschka
Briefe an Erwin Lang und Grete Wiesenthal. Unveröffentlicht. Privatbesitz. (Mit freundlicher Genehmigung des Claassen Verlages, Düsseldorf)

Martin Lang
Meine Mutter – Bilder der Erinnerung. Originalbeitrag

Max Lehrs
Erlkönigs Tochter. Aus: Die Zukunft, 17. VII. 1915, S. 75–80

Lina Loos
Brief an Grete Wiesenthal. Unveröffentlicht. Privatbesitz. (Mit freundlicher Genehmigung von Herrn Adolf Opel, Wien)

Maurice Maeterlinck
Brief an Grete Wiesenthal. Unveröffentlicht. Privatbesitz.

Max Mell
Raimunds »Gefesselte Phantasie« im Komödienhaus. Aus: Wiener Mittag, 6. Februar 1920 (Mit freundlicher Genehmigung von Frau Lilli Mell)

Vaslav Nijinsky
Brief an Grete Wiesenthal. Unveröffentlicht. Privatbesitz

Max Osborn
Grete Wiesenthal. Aus: Max Osborn: Der bunte Spiegel. Erinnerungen aus dem Kunst-, Kultur- und Geistesleben der Jahre 1890 bis 1933, New York 1945, S. 171–174

Alfred Polgar
Grete Wiesenthal. Aus: Alfred Polgar: Bei dieser Gelegenheit, Berlin 1930, S. 187f. (Zuerst in: Berliner Tageblatt, 1929) (Mit freundlicher Genehmigung des Rowohlt Verlages, Reinbek)

Rainer Maria Rilke
Für Grete Wiesenthal. Widmung in einem Exemplar von Rainer Maria Rilke: Das Marien-Leben, Leipzig 1913. Erstdruck (ohne Titel) in: Rainer Maria Rilke: Sämtliche Werke, 2. Bd., Frankfurt 1956, S. 226f. (Mit freundlicher Genehmigung des Insel Verlages, Frankfurt a. M.)

Alfred Rosenzweig
Grete Wiesenthal im heutigen Wien. Undatierter Ausschnitt aus einer nicht identifizierten Zeitung (vermutlich 1919)

E. v. Schmidt-Pauli
Grete Wiesenthal. Typoscript. Privatbesitz. (Vermutlich 1917 oder 1918 in einer Berliner Tageszeitung erschienen)

Franz Schreker
Brief an Grete Wiesenthal. Unveröffentlicht. Privatbesitz

Otto Stoessl
Brief an Grete Wiesenthal. Unveröffentlicht. Privatbesitz. (Mit freundlicher Genehmigung von Prof. Dr. Franz Stoessl, Graz)

Grete Wiesenthal
Brief an Oskar Kokoschka, Brief an Maurice Maeterlinck. Unveröffentlicht. Privatbesitz
Briefe an Hugo von Hofmannsthal. Unveröffentlicht. Dauerleihgabe der Stiftung Volkswagenwerk im Freien Deutschen Hochstift, Frankfurt a. M.
Unsere Tänze. Aus: Der Merker, I. Jg., 1909, H. 2, S. 65–68
Sphärischer Tanz (Ein Vortrag). Unveröffentlichtes Manuskript. Privatbesitz
Durch die Straßen Wiens. Aus: Wiener Kurier, I. Jg., Nr. 1, 27. August 1945

Carl Zuckmayer
Briefe an Grete Wiesenthal, Brief an Wolfgang Schaffler. Unveröffentlicht. Privatbesitz. (Mit freundlicher Genehmigung von Frau Alice Zuckmayer und des S. Fischer Verlages, Frankfurt a. M.)

Die Originale sämtlicher Illustrationen befinden sich in Privatbesitz. Die Wiedergabe aller Texte und Bilder erfolgt mit Zustimmung der Rechtsinhaber, soweit diese ermittelt werden konnten. Für die Abbildungen auf den Seiten 141, 147, 148, 165 und 177 danken wir dem Photoarchiv Setzer-Tschiedel, Museumstraße 5, 1070 Wien.

LITERATURHINWEIS

Schriften von Grete Wiesenthal
Die Biene. Eine Pantomime in zehn Bildern von Grete Wiesenthal. Musik von Clemens Franckenstein. Drei Masken-Verlag, Berlin–München 1917 (Textbuch)
Der Aufstieg. Aus dem Leben einer Tänzerin. Ernst Rowohlt Verlag, Berlin 1919
Der Taugenichts in Wien. Ein Ballett in sechs Bildern von Grete Wiesenthal. Musik von Franz Salmhofer. Universal-Edition, Wien-Leipzig 1930 (Textbuch)
Die ersten Schritte. Agathonverlag, Wien 1947 (Neuauflage von »Der Aufstieg«)
Iffi. Roman einer Tänzerin. Amandus Verlag, Wien 1951

Über Grete Wiesenthal
Grete Wiesenthal. Holzschnitte von Erwin Lang. Mit einer Einleitung von Oscar Bie. Erich Reiss Verlag, Berlin 1910
Grete Wiesenthal in Amor und Psyche und Das fremde Mädchen. Szenen von Hugo von Hofmannsthal. S. Fischer Verlag, Berlin 1911
Grete Wiesenthal und ihre Schule. Lithographien von Erwin Lang. Gedichte von Richard Billinger. Haybach Verlag, Wien 1922
Rudolf Huber-Wiesenthal: Die Schwestern Wiesenthal. Ein Buch eigenen Erlebens. Saturn-Verlag, Wien 1934
Reingard Witzmann (Hg.): Die neue Körpersprache – Grete Wiesenthal und ihr Tanz. Historisches Museum der Stadt Wien 1985 (Ausstellungskatalog)
Ingeborg Prenner: Grete Wiesenthal. Die Begründerin eines neuen Tanzstils. Dissertation Universität Wien 1950
Caroline and Charles H. Caffin: Dancers and Dancing of Today. The Modern Revival of Dancing as an Art. New York 1912 (Reprint 1978)
Hans Brandenburg: Der moderne Tanz. Georg Müller Verlag, München 1917
Oscar Bie: Der Tanz. S. Fischer Verlag, Berlin 1919
Tanz 20. Jahrhundert in Wien. Österreichisches Theatermuseum Wien 1979 (Ausstellungskatalog)

INHALT